반추
(反芻)

반추(反芻)

지은이 | 지성한
초판 발행 | 2022. 1. 26
등록번호 | 제1999-000032호
등록된 곳 | 서울특별시 용산구 서빙고로65길 38
발행처 | 비전과리더십
영업부 | 2078-3352   FAX | 080-749-3705
출판부 | 2078-3331

책값은 뒤표지에 있습니다.
ISBN 979-11-86245-41-5 03300

독자의 의견을 기다립니다.
tpress@duranno.com   www.duranno.com

비전과리더십은 두란노서원의 일반서 브랜드입니다.

격동의 세월을
되씹어 보다

반추 反芻

지성한
지음

비전과 리더십

2부

치열하게 산 자가
누릴 줄 안다

3장 ○ 보이는 것만 보지 말고 꿰뚫어 봐라 123

경마가 과연 도박일까

운명은 스스로 빚어 가는 것이다

성공은 죽음을 담보로 삼는다

DNA가 다른 이창희도 죽을힘을 다했다

과연 사람을 믿어야 할까

3부
누릴 줄 아는 자는
늘 청춘이다

3장 ○ 안목으로 그림을 사고, 고집으로 전통을 산다

예술 작품의 가치를 헤아릴 줄 알았던,
문화인 김용원

뚝심 있게 시간을 거슬러 올라갔던,
사대부 류선우

4부

인생의 빛을
꺼뜨리지 마라

나는 역사의 증인이다

캄캄한 밤, 기찻길 옆 오막살이에 젊은 엄마와 아기가 잠들어 있다. 아기 엄마는 하루 종일 고단했는지 기차가 경적을 울리며 지나가도 세상모르고 잔다. 그런데 아기가 뒤척이며 칭얼거리자 움찔 놀라 눈을 뜨고 아기를 들여다본다. 지축을 흔드는 요란한 경적 소리에는 꿈쩍도 않다가 아기의 작은 칭얼거림에 바로 잠을 깼다.

이 순간 젊은 엄마의 청각은 소리가 아닌 관심의 크기에 비례하여 반응한 것이다. 사람들은 대개 자신이 관심 있는 것을 선택적으로 보고, 듣고, 인식한다. "지각(知覺)은 선택적"이란 말이 여기서 나왔다. 한 사람의 현실을 만들어 내는 것은 현실 그 자체가 아니라 세상을 바라보는 그의 눈에 달려 있다고 할 수 있다.

나 또한 나의 눈으로 세상을 바라보며 살아왔다. 순간순간 나는 보았고 느꼈고 기억에 담아 두었다. 순간을 해석하고 받아들이는 것은 안목이며 선택이다. 지금까지 나는 90여 년 세월을 살아오면서 많은 사람을 만났고 많은 일을 겪었다. 그 안에서 내가 본 사람들, 내가 본 세상에 관해 이야기를 나누고자 한다.

한 사람이 걷는 인생길은 보통 한 길, 많아야 두세 길이 된다. 그런데 나는 남들보다 더 많은 길을 다양하게 걸어왔던 것 같다. 6·25 전쟁이 터지는 바람에 군에 입대했고, 평생 군인으로 살 줄 알았더니 예기치 않은 일에 엮이어 억울한 옥살이를 했고, 예편하여 사업가가 된 뒤에는 서울방송(SBS) 이사, 서울마주협회 회장, 서울바로크합주단 이사장 등 색다른 분야의 일을 맡으며 다양한 사람들을 만났고 경험을 쌓았다.

나는 박정희(朴正熙) 정권 시대를 살며 권력의 핵심에 닿기도 했고, 불꽃같은 욕망들 사이에서 온몸을 데이기도 했다. 그야말로 천국과 지옥을 오가는 삶을 살았다. 감사하게도 나는 살면서 대통령에서부터 헐벗은 사람들까지 각계각층, 여러 처지에 놓인 사람들을 많이 만나 보았다. 그러면서 '인생이란 무엇인가'라는 생각을 할 수밖에 없었다.

내가 본 바로는 인생의 빛은 명패(名牌)에 있지 않다. 대통령이든 재벌이든 하루살이 인생이든 자신의 굴레에서 벗어

나지 못한 채 살아간다면 그 인생은 결코 빛날 수가 없다. 삶에서 맛을 느끼고 멋을 느끼는 사람이 진짜 빛을 낸다. 평범한 사람에게서 비범함을 발견할 때가 있다. 비록 이름 석 자가 널리 알려지진 않았지만, 시대를 앞서는 뛰어난 안목과 아이디어를 가진 사람들이 꽤 많다는 것을 체험적으로 깨달았다.

빛나는 인생을 사는 사람들에게는 공통점이 있다. 바로 '여유(餘裕)'다. 매일의 순간을 가볍게 흩날릴 수도 있고, 잘 엮어서 인생이라는 명작(名作)을 만들 수도 있다. 순간을 흩지 않고 의미 있게 엮는 힘은 여유에서 나온다. 내면에 여백(餘白)이 있어야, 즉 마음에 여유가 있어야 삶을 누릴 수 있다.

나는 삶의 고비를 넘을 때마다 여유를 잃지 않기 위해 애썼다. 그래야 주저앉지 않고 인생길을 계속 걸을 수 있다고 믿었기 때문이다. 여유는 저절로 생기지 않는다. 여유는 쟁취(爭取)하는 자의 몫이다. 힘써 여유를 붙잡아야 하는 이유는, 그것을 잃은 자의 말로(末路)가 어떠한지를 보면 알 수 있다.

여유가 농익으면 풍류(風流)가 된다. 팍팍한 현실에 매이지 않고 자신의 품격(品格)에 맞게 멋을 누리고 노닐 줄 아는 사람이 풍류를 알게 된다는 뜻이다.

평범한 한 사람에 지나지 않는 내가 책을 쓰는 이유는 간단하다. 선택적 지각에 의한 순간들이 모여 내 인생이 되었고, 나와 함께했던 사람들과 나눈 인생이 모여서 역사가 되었기 때문이다. 역사가 나를 할퀸 순간도 있었지만, 용케 이겨 냈고 덕분에 지금까지 꿋꿋하게 살아남았다. 나는 내가 살아온 역사의 생존자(survivor)로서 당신들에게 들려줄 이야기가 있다.

　다만 분명히 밝혀 둘 것은 내 이야기가 역사 교과서와 같을 수는 없다는 것이다. 왜냐하면 나는 나의 지각이 선택한 대로 보고 느끼고 경험한 바를 이야기할 것이기 때문이다. 그 상황 속에서 순간을 해석하고 의미를 부여한 것은 나의 안목이며 나의 선택이다. 그러나 내가 겪은 상황에 대한 설명은 지극히 객관적인 사실에 근거한 것임을 또한 밝힌다. 따라서 나는 내 이야기에 등장하는 모든 인물의 이름을 실명 그대로 사용하고자 한다. 일일이 묻지 못한 채 이 글을 빌려 한꺼번에 양해를 구한다.

　지금부터 내가 살아온 삶, 내가 걸어온 역사를 통해 어떤 사람들을 만났고 무엇을 보아 왔는지에 관해 이야기할 것이다. 그 속에서 당신의 인생을 빛나게 할 길을 찾기를 바란다.

1부

역사의

회오리

1장 °   군홧발 소리가
서글프게 들리다

쿠데타라니

"보안사령부입니다. 참모장께서 지성한 대령님을 잠시 뵙고 싶어 하십니다. 육군본부 보안사 파견대로 와 주시겠습니까?"

1973년 3월 9일, 오후 5시경 육군보안사령부에서 전화가 왔다. 가벼운 마음으로 파견대로 향했다. 그러나 참모장은 자리에 없었다. 잠시 뒤 차를 타고 모처(某處)로 이동해 오라는 전갈이 왔다. 별 의심 없이 차에 올라탔다. 순간 수사관 두 명이 양쪽에서 밀 듯이 올라타 나를 가운데로 몰았다. 그중에 한 명이 무전기로 누군가에게 보고했다.

"지 대령을 태우고 출발한다."

'이게 뭐지? 연행되는 건가?'

1972년, 육군 중앙범죄수사단 단장 시절

　도착한 곳은 서빙고 분실(分室), 무자비하기로 악명 높은
조사실이었다. 당시 나는 요직(要職)의 하나인 육군 중앙범
죄수사단 단장을 맡고 있었다. 직무상 군복이 아닌 사복을
입고 있었는데, 안으로 들어가자 계급장이 없는 군 작업복으
로 갈아입으라고 했다. 범죄자라도 된 듯 정면, 좌우 프로필
사진을 찍었다. 무슨 일인지 알려주는 사람은 아무도 없었
다. 아침에 세 살배기 딸에게 입맞춤하고 나온 것이 수년 전
일처럼 아련해졌다.

사진 촬영 후 어딘가로 끌려 들어갔고, 혹독한 조사가 시작되었다.

"쿠데타를 모의했다는 첩보가 들어왔다. 모두 털어놓는 것이 신상에 좋을 것이다."

청천벽력(靑天霹靂)과도 같은 소리다.

"그게 무슨 말이오? 누가 쿠데타를 모의했다는 거요?"

"수도경비사령관 윤필용(尹必鏞) 소장이 쿠데타에 성공하면 당신에게 자리를 내주기로 했다면서? 중앙정보부장 자리를 준다고 했다던데? 이제 와서 모른다고 시치미를 떼 봐야 소용없어!"

잠시 내 귀를 의심했다. 어이가 없어 말문이 막혔다. 훗날 누가 내게 "밤새 안녕하셨습니까?" 하고 인사한다면 고개를 저으리라고 생각했다.

며칠 전 점심시간에 있었던 일이 떠올랐다.

"지 대령, 지금 당장 내 방으로 오시게. 빨리!"

수화기 너머로 청와대 김시진(金詩珍) 정보비서관의 다급한 목소리가 들려왔다. 식사도 못 한 채 곧바로 청와대로 달려갔다. 안색이 창백한 김 비서관이 입술을 떨면서 말하기 시작했다.

"조금 전에 대통령께서 부르셔서 다녀왔네. 각하께서 '자네 연말에 윤필용 장군과 술 마시러 간 적 있나? 그 자리에서 윤 장군이 나를 '이놈의 영감, 저놈의 영감' 하고 부르면서 후계자를 빨리 정해야 한다고 떠들었다며? 자네도 그 자리에 있었다던데. 이런 버릇없는…' 하고 역정을 내셨네. 나야 그런 얘기는 들은 바가 없다고 사실대로 말씀드렸네만 정보비서관이 그런 것도 모르느냐면서 더 크게 화를 내셨어. 이게 무슨 일인가?"

3개월여 전에 있었던 송년 모임 이야기였다. 서울신문사 사장 신범식(申範植) 씨의 초대로 윤필용 장군과 김시진 정보비서관, 정소영(鄭韶永) 경제수석비서관 그리고 나까지 다섯 명이 모여서 조촐하게 식사하고 헤어진 아주 평범한 모임이었다. 그런데 어느새 몹시 불경스러운 모임으로 둔갑해 있었다.

1972년 10월 17일 유신헌법(維新憲法)이 선포된 지 3개월도 안 된 때라 정치적으로 매우 민감했던 시기다. 사실상 박정희 대통령의 장기 집권을 위한 개헌이었는데, 벌써 후계자 얘기가 오갔다는 사실이 대통령으로서 거슬릴 수밖에 없었다.

김시진 비서관이 내게 분위기가 심상치 않으니 어서 가서 윤필용 장군에게 사실을 확인해 보라고 했다. 나는 얘기를

마치자마자 그길로 윤 장군이 있는 수도경비사령부(現 수도
방위사령부)로 향했다.

　마침 윤 장군은 장교 식당에서 참모들과 점심 식사를 하고
있었다. 옆방으로 자리를 옮겨 대통령이 노발대발하셨다는
이야기를 그대로 전하면서 그런 말을 한 적이 있느냐고 물었
다. 그랬더니 "왜들 이래? 며칠 전에 박종규(朴鐘圭) 경호실
장이 똑같은 걸 묻던데. 그때도 내가 대답해 줬어. 별일 없었
다고 말이야" 하고 의아해했다.

모든 사실을 시인했다니 이게 무슨 말인가

윤필용 장군이 곧이어 덧붙였다.

　"그날 모임 중간에 화장실을 다녀왔는데, 신범식 씨가 로
비 소파에 앉아 있더군. 그래서 마주 앉아 잠시 얘기를 나눴
지. 신범식 씨가 '유신이 선포됐으니 대통령께서 종신토록
집권할 수 있게 되었습니다. 하지만 언젠가는 대통령께 충언
(忠言)을 드려야 할 때가 오지 않겠어요?' 하더라고. 그게 무
슨 소리냐고 했더니 '당신이나 나나 대통령의 총애를 받는

사람들 아닙니까. 언젠가 '각하, 이제 연세가 많이 드셨으니 물러나 쉬십시오' 하고 말씀드려야 할 때가 올 텐데, 그런 말씀을 감히 누가 드리겠습니까? 당신이나 나 같은 사람이 '각하, 이제 저희와 낚시나 하러 다니십시다' 하고 말씀드려야죠'라고 말하더군.

그래서 내가 벌써부터 무슨 그런 이야기를 하느냐고 화를 냈네. 각하께서 아직 건강하신데…. 그런 얘기 들으면 술맛 떨어진다고 더 이상 하지 말자고 말을 끊어 버렸어. 그게 다야."

"이게 어찌 된 영문인지 혹시 아는 게 있는지 신범식 씨에게 묻는 게 어떻겠습니까?"

"그래. 그에게 물어보게."

곧바로 나는 서울신문사로 향했다. 신범식 씨에게 자초지종을 설명하고, 그날 로비 소파에서 윤 장군과 그런 내용의 이야기를 나눈 적이 있느냐고 물었다.

"맞아. 그런 얘기를 내가 했지."

"두 분만 나누신 얘기라 식사를 같이 한 우리도 몰랐는데…. 대통령께서 어떻게 알고 역정을 내셨을까요?"

"난들 알겠나?"

"소파에서 나눈 얘기가 그게 전부죠? 맞지요?"

"그래, 맞아."

"틀림없죠?"

"틀림없다는데도."

"그러면 알겠습니다."

그러고 나서 곧장 청와대로 향했다. 김시진 비서관에게 윤필용 장군과 신범식 씨를 만난 얘기를 했다.

"두 분 얘기를 다 들어 봤는데, 지나가듯 나눈 가벼운 대화였어요. 로비에서 두 분만 나눈 얘기라 우리가 모르는 건 당연하고요. 그게 다입니다."

그때 정소영 경제수석비서관이 창백한 얼굴로 들어왔다.

"조금 전에 각하께서 부르셔서 갔더니 이런 얘기를 하며 크게 화를 내셨습니다."

그도 김시진 비서관이 들은 것과 같은 이야기를 들었던 것이다.

"대통령께서 '자네도 그 자리에 있었다며?' 하고 몰아붙이셨어요. 그런 얘기는 절대로 한 적도, 들은 적도 없다고 말씀드렸지요. '각하, 이건 누군가의 모함입니다. 고도의 모함입니다' 하고 말씀드렸더니 대꾸도 않고 나가라고 하셨어요. 문을 열고 나오는데 각하께서 강창성(姜昌成) 보안사령관한

테 전화 넣으라고 말씀하시는 소리가 들리더군요."

보안사령관에게 무슨 지시를 내린 것 같으니 그쪽에 알아보면 내막을 알 수 있을 것 같았다. 김시진 비서관이 그 자리에서 바로 강창성 보안사령관에게 전화를 걸었다. 그러나 그의 대답은 우리를 더욱 큰 혼란에 빠뜨렸다.

"신범식 씨가 모든 사실을 시인했습니다."

순간 멍했다. 도대체 무엇을, 무슨 사실을 시인했다는 것인가? 신범식 씨를 다시 찾아가 묻기로 했다. 확실하게 해두기 위해서 수사단에 들러 녹음기를 챙겼다. 트랜지스터라디오보다 큰 녹음기를 양복 안주머니에 넣으니 가슴 한쪽이 불룩하게 솟았다. 마이크를 넥타이에 꽂고 서둘러 서울신문사로 향했다.

신범식 씨를 마주하고 앉았다. 투박한 녹음기를 굳이 가릴 필요는 없었다. 그가 누군가의 모함에 걸려든 게 틀림없다고 믿었다. 대화를 녹음해 두는 것이 그에게도 도움이 될 것이었다. 청와대에서 근무할 때부터 나를 친동생처럼 챙겨 주었던 사람이 아닌가. 그가 내게 거짓말하지는 않으리라고 믿었다.

"강창성 보안사령관에게 전화했더니 사장님이 다 시인하셨다고 하던데…. 그게 무슨 말입니까? 대체 뭘 시인하셨다는 거예요?"

"시인한 것 없어. 아까 자네한테 했던 얘기가 다야."

"그럼 보안사령관이 오해한 것입니까?"

"자네한테 다 얘기하지 않았나. 모두 틀림없는 사실일세."

"별일 없는 거죠?"

"별일 없지."

"그러면 알겠습니다."

청와대로 돌아가 김시진 비서관에게 녹음된 테이프를 건넸다.

"이걸 들어 보시고 대통령 각하께 가져다 드리십시오. 이게 진실입니다."

나는 그 테이프가 모든 오해를 씻어 주리라고 믿었다. 또한 신범식 씨를 살리는 증거가 되리라 생각했다.

우리만 몰랐던 일촉즉발의 상황

"신범식 사장에게 권총을 들이대며 죽이겠다고 협박했다면서?"

"그게 무슨 소리요? 그런 일 없습니다. 게다가 난 권총을 가지고 다니지도 않습니다."

평소 사복 차림으로 다녔던 터라 권총을 차고 다닌 적이 없었다.

서빙고 분실에서의 조사는 듣던 대로 혹독했다. 조사관이 하는 말은 우리말인데도 도통 알아들을 수가 없었다. 사실을 말해도 소용없고, 사실이 아닌 것을 아니라고 말해도 소용없었다.

조사관의 말에 의하면, 내가 녹음기를 들고 신범식 씨를 찾아가 만나고 나가자마자 신 사장이 곧바로 보안사에 전화를 걸어 권총으로 위협을 받았다면서 신변 보호 요청을 했다고 한다. 녹음기를 권총으로 둔갑시킨 것이다. 보안사는 즉시 경호원들과 경호 차량을 보내 그를 속리산으로 피신시켰다.

그가 왜 그런 거짓말을 했을까? 한마디로 거짓말이 들통나게 생겼기 때문이다. 실제로 그는 보안사에서 사실과 다른 내용을 허위 진술함으로써 윤필용 장군을 모함했다. 그런데 그가 한 거짓말과 전혀 다른 내용의 진실을 내가 녹음해 간 것이다. 그는 내가 그 녹음테이프를 김시진 비서관에게 넘길 것이고, 그러면 대통령에게 보고되는 것은 시간문제라는 것을 너무도 잘 알고 있었다. 그는 진실이 드러날지도 모른다는 생각에 또 다른 거짓말로 위기를 모면하려고 했다.

군인이 대낮에 신문사 사장에게 권총을 들이대다니 누가 들어도 가슴 철렁할 일이다. 상황을 보고받은 대통령도 깜짝 놀랐을 것이다. 당장 쿠데타가 일어날지도 모른다는 착각을 불러일으키기에 충분했다. 대혼란이 시작된 것이다.

후에 들자니 녹음테이프는 대통령에게 보고되기 직전에 보안사에 의해서 압수되었고, 그 후 대통령에게 보고되었다는 이야기는 듣지 못했다.

만약에 그때 녹음테이프가 대통령에게 제대로 전달됐더라면 상황이 달라지지 않았을까 생각해 보기도 했다. 하지만 시대의 회오리바람은 이미 그전부터 불어오고 있었음을 곧 깨달았다.

"당신네가 현역 군인을 서울신문사에 찔러 넣었다면서? 이게 다 쿠데타를 일으키려고 미리 준비한 게 아니고 뭐요?"

1972년 2월, 문화공보부 장관직을 내려놓은 신범식 씨가 서울신문사 사장으로 취임하게 되었다. 실제 운영을 맡아 줄 유능한 비서실장이 필요하다면서 내게 군복을 벗고 그 자리에 오지 않겠느냐고 청했다. 나는 대령으로 진급한 지 얼마 안 된데다가 장군으로 예편하기를 바랐기 때문에 정중하게 거절했다.

"할 수 없지. 그러면 자네가 한 사람 추천해 주게. 예전에 청와대에서 자네가 안의현(安儀鉉) 소령을 내 보좌관으로 소개해 준 것처럼 말이야. 자네 마음에 드는 사람이라면 더 이상 볼 것도 없네. 취임하기 전에 업무 파악을 해야 하는데 시간이 별로 없어. 아주 급하다네. 꼭 좀 구해 주게."

간곡한 부탁을 거절할 수가 없었다. 그러나 서울신문사의 운영을 맡을 정도로 유능한 사람을 주변에서 찾기란 여간 어려운 일이 아니었다. 윤필용 장군에게 도움을 청했다. 윤 장군도 선뜻 떠오르는 사람이 없다면서 손영길(孫永吉) 참모장을 불렀다. 손 참모장이 한참 생각하더니 입을 떼었다.

"육군사관학교에 경제학 박사 교수가 있는데 그분이라면 잘할 수 있을 것 같습니다."

"이름이 뭔가?"

"유갑수(劉甲壽) 중령입니다."

윤 장군도 나도 모르는 인물이었다.

"신범식 씨가 워낙 급하다고 하니 참모장, 자네가 당장 전화 좀 넣어 보게."

유 중령의 대답이 기가 막혔다.

"신문사 논설위원 되는 것이 평생소원입니다."

딱 들어맞은 것이다. 다음 날 유갑수 중령과 함께 신범식 씨 집으로 갔다.

"지 대령이 추천하는 사람이라면 나는 무조건 좋소. 당장 내일부터 와서 나를 도와주시오."

하지만 현역 군인 신분으로 당장 신문사에 취직하기는 곤란했다. 예편 신청에서 명령까지 보통 몇 달이 걸리곤 한다. 신범식 씨가 당장 필요하다고 재촉하니 어쩔 도리가 없었다. 윤 장군에게 다시 도움을 청했다.

윤 장군이 당시 육군사관학교 교장이던 최세인(崔世寅) 중장에게 전화를 걸어 양해를 구했다. 그러자 최 교장은 유 중령이 성공적으로 사회에 진출하게 되었다면서 오히려 기뻐했다. 유 중령이 정식 예편하기 전에 신문사에 출근할 수 있도록 배려하고, 예편 신청부터 명령까지 신속하게 처리해 주겠노라고 약속했다. 당시엔 예편 예정자가 직장을 구할 수 있도록 보통 3개월의 유예 시간을 주는 게 관행이었다. 유갑수 중령은 신범식 사장의 요청에 따라 군인 신분으로 신문사에서 근무를 시작하게 되었다.

　한편 보안사는 쿠데타를 모의한 윤필용 장군이 언론 장악을 위해 유갑수 중령을 서울신문사에 심어 놓은 것으로 이야기를 바꾸었다. 그들의 시나리오에 의하면, 유갑수 중령은 현역 군인으로서 '무단이탈죄'를 저질렀으며, 나는 유 중령의 무단이탈을 방조했으므로 '무단이탈 방조죄'에 해당하고, 윤필용 장군 또한 육군사관학교 교장에게 청탁 전화를 걸었으므로 '무단이탈 방조죄'가 성립된다는 것이다.

　그들의 시나리오상 1973년 봄, 우리나라는 쿠데타가 언제 일어날지 모르는 일촉즉발(一觸卽發)의 상황에 놓여 있었다. 쿠데타를 모의했다고 취조받는 우리만 그 사실을 모르고 있었다.

촘촘히 짜인 시나리오

알고 보니 모함의 그물은 훨씬 오래전부터 우리 주위에 아주 넓게 드리워져 있었다.

유신헌법이 선포된 직후인 1972년 12월, 신범식 씨가 윤
필용 장군과 나를 포함한 다섯 명을 송년 모임에 초대하기
얼마 전에 박정희 대통령과 골프를 쳤다. 박종규 경호실장과
이동찬(李東燦) 코오롱 회장이 동행했다. 골프를 치다가 신
범식 씨가 대통령에게 뜬금없는 말을 건넸다.

"각하, 건강하셔야 합니다. 뒤에서 각하의 후계를 논하는
사람들이 있습니다."

"누가 그런 소리를 하나?"

"그건 말씀드리지 못하겠습니다."

골프를 마치고 클럽하우스에서 식사할 때였다. 대통령이
신범식 씨에게 물었다.

"아까 자네가 이상한 소리를 하던데…. 내가 아직 건강이
좋은데 누가 벌써 후계자 얘기를 하고 그래? 누구야?"

"그것만은 말씀드릴 수가 없습니다."

신범식 씨가 무릎을 꿇었다. 그의 과장된 태도는 뭔가 있
구나 싶은 생각이 들게 했다. 박종규 경호실장이 권총을 들
이대며 누구인지 어서 말하라고 윽박질렀다.

"윤필용 장군이 그랬습니다."

그가 못 이기는 척하며 털어놓자 대통령이 크게 노했다. 그

러나 이 모두가 박종규 경호실장과 신범식 씨가 짜고 벌인 쇼였다. 그 후에 윤필용 장군을 송년 모임에 초대해 대통령의 후계자 얘기를 꺼내며 함정에 빠뜨린 것이다. 윤필용 장군과 나를 비롯한 여러 군인들을 그물로 몰아넣은 시나리오는 이전에 있었던 일들을 가지고 교묘하게 짜 맞춘 것이었다.

어느 날 유명한 지관(地官) 육관도사(六觀道士) 손석우(孫錫佑) 씨가 손영길 참모장에게 넌지시 귀띔했다. 청와대 안에 명당자리가 있으니 그곳에 작은 정자를 지어 '통일정사(統一精舍)'라고 이름 붙이고, 거기서 기도하면 박정희 대통령 시대에 통일을 이룰 수 있을 것이라고 한 것이다.

수도경비사령부 소속인 손영길 참모장은 청와대와 관련된 일에는 손을 댈 수가 없었다. 청와대 내부는 경호실, 외부는 수도경비사령부의 영역이기 때문이다. 경호실에서 허락하지 않으면 아무도 청와대 내부에 발을 들여놓을 수가 없다.

손 참모장은 박종규 경호실장에게 육관도사가 들려준 이야기를 전했다. 경호실에서 건축을 허가하고, 신범식 씨가 비용의 대부분을 부담함으로써 청와대 안에 정자가 지어졌다.

그런데 엉뚱하게도 손영길 참모장이 고향 선배인 이후락(李厚洛) 정보부장의 대통령 당선 기원을 위해 정자를 세운 것으로 와전되었다. 이후락 정보부장이 2인자로 이름을 떨치던 때였다. 보고를 받은 박정희 대통령이 노발대발하여 정자는 결국 헐리고 말았다.

건축을 허가한 것도, 부숴 버린 것도 모두 박종규 경호실장이다. 그러고 보면 골프를 치다가 후계자 운운하여 대통령의 심기를 건드린 것이나 연말에 송년 모임을 기획한 것이나 통일정사에 대해 허위 보고한 것도 모두 윤필용 장군과 이후락 정보부장을 몰아내기 위한 모함 시나리오의 한 맥락이었던 것이다.

그 와중에 내가 녹음기를 들고 신범식 씨를 찾아가자 지레 겁을 먹은 그가 보안사에 허위 신고를 했고, 기다렸다는 듯이 회오리바람이 본격적으로 휘몰아치기 시작했다. 촘촘히 짜인 시나리오에 의해 언제든 사건은 터지고야 말았을 것이다.

한국 현대사의 권력 스캔들 한복판에서

윤필용 장군의 쿠데타 모의 혐의와 연루되어 조사를 받은 사람은 40여 명이나 됐다. 보안사는 쿠데타 모의에 대한 혐의를 찾지 못하자 "털어서 먼지 안 나오는 사람 없다"는 식으로 각 개인의 비리를 조사하기 시작했다. 어떻게든 죄목을 만들어 내려고 무리수를 썼다.

평소에 청렴하기로 소문났던 안교덕(安敎德) 대령의 경우는 황당할 정도다.

"당신은 윤필용 장군의 직통 라인이니 그동안에 얼마나 많이 갖다 바쳤겠소. 어서 다 털어놓으시오."

아무리 으름장을 놔도 혐의를 찾을 수 없자 꼬치꼬치 캐물으며 닦달했다.

"설마 명절에 빈손으로 장군 댁에 가진 않았겠지?"

"윤 장군님이 게장을 좋아하십니다. 마침 부대 앞 개울에서 잡은 게가 있어서 갖다 드린 적은 있습니다."

조사관의 귀가 솔깃해졌다.

"그걸 당신 혼자 잡았소? 아니면 누가 잡아다 준 거요?"

"사병들이 잡아 놓은 게 있어서 갖다 드렸습니다."

"군인이 나라를 지키라고 있는 거지. 게나 잡으라고 있는 거요?"

안 대령은 군 병력을 사적으로 남용했다는 이유로 결국 스스로 군복을 벗어야 했다. 그는 영어를 잘하고 성실하기로 소문난 군의 인재였다. 그가 걸려든 이유는 단 한 가지, 윤필용 장군이 베트남에서 맹호사단장으로 있을 때 참모를 했던 인연으로 평소에 가깝게 지냈다는 것이다.

체포된 지 51일 만인 4월 28일 육군본부 보통군법회의에서 비공개 재판이 열렸다. 체포에서 판결까지 유례없이 일사천리로 진행되었다. 윤필용 장군을 비롯한 장성 2명과 나를 포함한 장교 8명에게 최고 15년에서 최하 1년까지 징역형이 선고되었다. 죄목은 업무상횡령, 특정범죄가중처벌법 위반 등 8개 항목에 이르렀다.

1973년 4월 28일, 보통군법회의 선고 공판
(앞줄 왼쪽부터 권익현 대령, 저자, 김성배 장군, 손영길 장군, 윤필용 장군)

당시 판결문은 법적 판결문이라기보다 보안사령부에서 만든 소설 같은 얼토당토않은 내용이라는 걸 알 만한 사람은 다 알았다. 쿠데타를 모의했다는 혐의로 체포되었는데, 죄목은 모두 개인 비리뿐이었다. 쿠데타 모의는 전혀 근거 없는 모함이었던 것이다.

　그러나 정치적 의도를 가지고 몰아붙인 재판이었던 만큼 연루된 사람들에게는 씻을 수 없는 상처와 오욕(汚辱)을 남겼다. 윤 장군을 비롯한 군인 40여 명이 졸지에 군복을 벗어야 했다. 그중 10여 명은 실형을 선고받기까지 했다. 매우 처참했다.

　이것이 바로 한국 현대사의 권력 스캔들 중 하나로 꼽히는 "윤필용 장군 사건"이다. 이 사건을 기점으로 박정희 정권의 운명이 달라졌다고 보는 사람들이 많다. 그래서 정치사적으로 중요한 의미가 있다.

　나는 이 사건으로 인생의 부침(浮沈)을 경험했다. 장래가 유망한 군인에서 군인 정신을 훼손한 범죄자로 전락한 것이다. 늘 가슴 설레게 했던 군홧발 소리가 그때는 그렇게 서글프게 들릴 수가 없었다. 무엇이 우리의 행진을 가로막고 헌신짝처럼 버려지게 만들었단 말인가.

2장 。 전부를 원하는 자,
전부를 잃으리라

두 거목, 윤필용과 이후락

1973년 4월, 언론은 일제히 윤필용 장군의 추락을 대대적으로 보도했다. 그러나 사건의 실체에 대해 아는 사람이 없었고, 안다고 해도 밝힐 수 없는 상황이었다. 심지어 미국 CIA도 이 사건만큼은 혼란스러워했다고 한다.

50여 년이 되어 가는 지금까지도 윤필용 장군 사건에 대한 명쾌한 설명은 찾아보기 힘들다. 관련자들만이 증언할 수 있을 텐데, 대부분이 세월 속에 스러져 갔고 이제는 얼마 남아 있지 않다.

나는 윤필용 장군 사건의 당사자이자 증인이다. 내 이야기 속에서 그동안 모호하기만 했던 사건의 실체가 어렴풋하게나마 드러날지도 모르겠다. 내가 직접 보고, 듣고, 경험한 사실을 이야기할 뿐이지만 그 안에 진실이 담겨 있기 때문이다. 어쩌면 이것은 살아남은 자로서의 내 의무(義務)인지도 모른다.

대체 윤필용 장군이 누구이기에 매서운 회오리바람이 그를 향해 불었는가? 윤 장군은 박정희 대통령이 5사단장 시절에 만난 군 후배로서 이후 7사단장 1군 참모장, 군수기지 사령관, 1관구 사령관 등 새로운 보직을 맡을 때마다 직속 부하로 계속 함께 일할 정도로 총애받던 인물이다.

1961년 5월 16일, 제2군 부사령관인 박정희 소장이 육사 8기생 출신 동기들과 제2공화국을 무너뜨리고 정권을 장악하는 군사정변(軍事政變)을 일으켰다. 이른바 5·16 군사혁명이다. 당시 윤필용 장군은 혁명에 참여하지는 않았지만, 박 대통령의 전폭적인 신뢰로 최고회의 의장 비서실장, 육군 방첩대장, 수도경비사령관으로 20여 년간 최측근에서 대통령을 보좌했다. 윤 장군은 육군 방첩대장으로 있던 1965년 5월 원충연(元忠淵) 대령 등이 주도한 쿠데타 모의를 적발하는 공을 세우기도 했다.

육사 8기 중 처음으로 별을 달고 소장으로 진급한 그는 맹호(猛虎)부대장으로 베트남에 갔다가 혁혁한 공을 세우고 돌아왔다. 1970년 1월 수도경비사령관에 임명되었고, 나는 전임자인 최우근(崔宇根) 소장에서 윤필용 장군으로 바뀌는 시점에서 그를 처음 만났다.

당시 박정희 정권은 이후락(李厚洛) 중앙정보부장, 박종규(朴鍾圭) 청와대 경호실장, 김재규(金載圭) 보안사령관 그리고 윤필용(尹必鏞) 수경사령관이라는 네 기둥이 떠받치고 있었다. 육사 2기인 김재규 씨가 8기인 윤필용 장군보다 한참 선배였지만 나이는 한 살밖에 차이 나지 않았다. 특히 두 사람 간에 신경전이 있을 수밖에 없었다.

1970년대는 칠레, 엘살바도르, 온두라스, 우루과이, 아르헨티나, 페루 등 중남미 국가들에서 군부 쿠데타가 일어나는 등 국제 정세가 매우 혼란스러운 시기였다.

김재규 보안사령관은 쿠데타 모의는 항상 권력의 핵심 주변, 즉 측근에서 일어난다면서 박정희 대통령의 주변을 집중적으로 관찰했다. 특별히 윤필용 장군을 타깃으로 삼았다. 1971년 8월 초, 보안사령부에서 윤필용 장군을 감시하기 위해 수도경비사령부 안에 도청 장치를 해 놓은 것이 발각되어 김재규 씨는 보안사령관에서 해임되어 3군단장으로 좌천되었다. 이 사건을 계기로 군에서 윤필용 장군의 위상이 더욱 높아졌다.

1972년 5월 2일, 이후락 정보부장이 북한에 밀사로 파견되었다. 나흘간의 평양 방문을 통해 7·4 남북공동성명이라는 역사적 성과를 끌어냈다. 그로서는 목숨을 건 큰 모험이었다. 남북 대화가 단절된 상태였기 때문에 북에서 그를 어떻게 대할지 알 수 없었다. 자칫 살아서 돌아오지 못할 수도 있었다. 그는 유사시에 쓸 청산가리를 가지고 갔다고 전해진다. 남북공동성명이라는 성과 덕분에 그에 대한 국민의 시선이 달라졌다. 정부 내 그의 위상 또한 높아졌다.

게다가 이후락 정보부장의 카운터파트(counterpart)로 김일성(金日成) 주석(主席)의 친동생 김영주(金英柱) 부주석이 나온 것이 이목을 끌었다. 북한의 2인자를 상대한 만큼 그의 위상이 자연스럽게 남한의 2인자로 올라가게 되었다. 뒤이어 1972년 유신헌법이 선포되기까지 그가 중추적인 역할을 맡음으로써 명실공히 2인자가 되었다.

대통령의 좌우에는 이후락 정보부장과 윤필용 수도경비사령관이 있었다. 권력욕을 가진 많은 이들이 정치 정글에서 이전투구(泥田鬪狗)처럼 싸우며 출셋길을 찾았지만, 두 거목에 눌려 활개를 치지 못했다. 누구든 용기 있는 자가 거목의 밑동에 도끼를 대야만 길을 낼 수 있었다.

때로는 화합이 독이 되기도 한다

이후락 정보부장과 윤필용 수도경비사령관은 서로 불편한 사이였다. 대통령의 총애를 받는 이들끼리 엎치락뒤치락 견제하느라 가까워질 수가 없었다. 나라 전체에 새마을운동 노래가 울려 퍼지던 때였다. 잘 살아보자고 너도나도 외쳤다.

두 거목이 힘을 합친다면 나라 발전에 큰 도움이 될 거라고 생각하는 사람들이 생겨났다. 수경사 참모장으로 윤필용 장군을 보필하던 손영길 준장은 이후락 정보부장과 동향이자 고교 선후배 사이이다. 손 준장은 1957년 대통령 전속 부관이 된 이래 줄곧 대통령 내외의 총애를 받아 왔다. 그는 중앙정보부와 수도경비사령부가 힘을 합쳐 대통령의 버팀목이 되어야 한다고 생각했다.

당시 중앙정보부 감찰실장으로 있던 이재걸(李在杰) 씨는 판사 출신으로 이후락 정보부장의 친척뻘 되는 인물이자 손영길 준장과는 동향 친구였다. 그리고 윤필용 장군이 맹호 사단장으로 베트남에 있을 때, 그의 총애를 받은 바 있는 송석근(宋錫根) 소령이 마침 중앙정보부 감찰실에 파견되어 이재걸 감찰실장과 이후락 정보부장의 신임을 얻고 있었다. 손 준장과 이 감찰실장 그리고 송 소령을 중심으로 두 거목 사이를 오가며 만남을 주선했다.

윤 장군과 이 부장은 식사 자리를 자주 가지게 되면서 서로에 대한 선입견을 벗게 되었고, 마침내 호형호제(呼兄呼弟)하는 사이가 되었다.

그러나 두 거목이 가까워지자 주위에 불안한 기운이 돌기 시작했다. 너무 큰 세력이 하나로 합쳐지게 생겼기 때문이다. 이들이 힘을 합하면 누가 당해 낼 수 있겠는가. 그들의 결합은 박정희 대통령도 바라지 않았다.

유신헌법은 통일주체국민회의(統一主體國民會議) 대의원들의 선거를 통한 간접선거 방식으로 대통령을 선출하도록 만들었다. 대통령의 임기는 6년이지만 무제한으로 연임할 수 있게 되었다. 박정희 대통령의 무한집권이 가능해진 것이다. 그러나 결정적인 허점(虛點)이 있었다. 누구라도 간접선거에서 득표하면 대통령이 될 수 있다는 점이다.

윤 장군이나 이 정보부장은 박정희 대통령에 비해 국민적 지지 기반이 현격히 약했다. 그 때문에 대통령 직선제(直選制)라면 선거에 출마한다 해도 당선 가능성이 거의 없다. 그러나 유신체제하에서는 이야기가 달라진다. 만약에 두 사람이 힘을 합해 대의원들을 장악한다면 대통령이 될 수 있다.

이후락 정보부장이 통일주체국민회의 법을 만들었다. 대의원은 중앙정보부에서 신원 조회를 한 후에야 자격을 부여받는다. 정보부에서 대의원 선출에 권력 행사를 할 여지가 있다는 뜻이다. 이 부장은 유신헌법 제정에 기여했고, 남북 공동성명을 이끌어 내 국민적 스타가 되어 있었다. 누가 봐도 박정희를 대신할 수 있는 2인자였다. 그가 마음만 먹는다면 대통령 자리에도 오를 수 있다는 얘기가 돌기 시작했다.

그런데 수도경비사령부의 수장인 윤필용 장군이 이후락 정보부장과 형님 아우님 하는 사이가 되었다고 하니 주변에서는 그들을 경계할 수밖에 없었다. 두 사람의 결합은 박정희 대통령이나 주변 사람들에게 위협 요소가 되었다. 두 거목의 세력 확산을 막기 위해 궁리해야 했다.

이것이 바로 윤필용 장군이 타깃이 된 이유다.

만약에 윤필용 장군과 이후락 정보부장, 두 사람의 사이가 계속 나빴더라면 어땠을까? 아마도 회오리바람은 불지 않았을 것이다. 사실 두 사람은 박정희 대통령과 나라를 더욱 잘 섬기겠다는 마음으로 뭉쳤다. 하지만 그들이 뭉침으로써 정치인들 사이의 불안감은 날로 커져만 갔다.

권력의 세계에서는 화합(和合)이 오히려 독이 되기도 한다. 힘이 한군데로 집중될수록 혼란이 가중된다. 권력과 권력 사이에는 적당한 간격이 필요하다. 경계심을 풀 여백이 필요하기 때문이다. 집이 클수록 기둥을 여러 개 세워야 안전한 법이다.

불안을 이용하여 탐욕을 채우려 하다

윤필용 장군을 허위 밀고하고 내게 씻을 수 없는 상처를 안긴 신범식 씨는 나와 매우 가까운 사이였다. 그가 청와대 대변인으로 있을 때, 그는 나를 친동생처럼 챙겨 주며 군복을 벗고 자신의 보좌관이 되어 달라고 끈질기게 청하기도 했다.

끝내 거절하자 대신 좋은 사람을 추천해 달라고 해서 안의현 헌병 소령을 소개해 주었다. 군인은 별정직(別定職)으로서 현역이라도 청와대 파견 근무가 가능하다. 나 또한 중령 시절에 청와대 특별민정반(特別民情班)에 소속되어 근무한 적이 있다. 그러나 현역 헌병 소령이 청와대 대변인실 보좌관으로 채용된 것은 전무후무(前無後無)한 일이다.

이 일이 선례가 되어 그가 서울신문사 사장으로 취임할 때 비서실장을 구해 달라는 부탁을 거절하지 못하고 윤필용 장군의 도움을 얻어 유갑수 중령을 소개해 준 것이다.

그는 내가 대령으로 진급했을 때 누구보다 기뻐하며 윤필용 장군을 비롯한 많은 장성들을 초대해서 축하 자리를 마련해 주기도 했다. 나는 그의 친절에 늘 감사해 했다.

그랬던 사람이 나를 하루아침에 쿠데타 모의를 한 국가 반역자로 몰아 구렁텅이에 빠뜨렸다.

"무엇이 그를 그렇게 만들었을까?"

이 질문이 머릿속에서 떠나지 않았다. 내가 처한 상황을 이해하고 싶었고, 그가 그렇게 할 수밖에 없었던 이유를 찾고 싶었다.

오랜 시간을 보내고 찾은 답은 허무할 정도로 단순했다.

"탐욕, 즉 권력욕" 때문이다.

신범식 씨는 서울신문사 사장에 만족하지 않았다. 그에게는 정부 요직(要職)에 오르고 싶다는 욕망이 있었다. 그는 정치학 박사로 머리가 비상했다. 대학교수에서 청와대 대변인을 거쳐 문화공보부 장관까지 오른 대한민국 상위 1%에 속하는 엘리트다. 그런데도 그의 욕망은 굶주린 야수처럼 강렬했다. 부족해서가 아니라 더 많은 것을 원했기 때문이다.

그와 함께 시나리오를 짰던 박종규 경호실장은 '피스톨 박'이라고 불릴 만큼 추진력이 강한 인물이었다. 그는 한때 박 정권을 떠받치는 네 기둥 중 하나였다. 그에게는 중앙정보부와 같은 방대한 조직을 이끌고 싶은 욕심이 있었다. 호시탐탐(虎視眈眈) 중앙정보부장 자리를 노렸지만, 그 자리는 김형욱(金炯旭) 씨에서 신직수(申稙秀) 씨를 거쳐 이후락 씨에게로 넘어갔다.

이후락 중앙정보부장은 날로 기세가 등등해져 갔고, 윤필용 장군은 대통령의 총애와 확고한 지지 세력을 확보한 상태였다. 두 거목의 입지가 강화될수록 신범식 씨나 박종규 씨가 비집고 들어갈 틈은 점점 사라져 갔다.

권력욕으로 눈이 맞은 신범식 씨와 박종규 씨는 두 거목을 무너뜨릴 기회를 엿봤다. 그러다 한꺼번에 베어 버릴 기회가 찾아왔다. 서로 데면데면했던 윤필용 장군과 이후락 정보부장이 호형호제하는 사이가 된 것이다. 차기 대통령감으로 회자될 만큼 스타가 된 2인자 이후락 정보부장과 군의 수장 윤필용 장군을 한데 엮으면 쿠데타설이 힘을 얻는다. 군을 장악해야 쿠데타가 성공하기 때문이다.

그들은 절호의 기회를 놓치지 않았다. 기회가 될 때마다 박정희 대통령에게 "측근을 조심하십시오"라는 거짓 충언을 올렸다. 또 거짓 정보를 계속 올림으로써 대통령의 판단을 흩뜨렸다. 시나리오에 따라 윤필용 장군이 대통령을 험담하며 후계자를 논했다고 보안사령부에 밀고했다. 내가 신범식 씨를 찾아가 밀고와 다른 내용의 대화를 녹음하자 다급해진 나머지 쿠데타가 임박한 듯 연출하기에 이른 것이다.

한마디로 윤필용 장군 사건은 신범식 씨와 박종규 씨의 작품이다.

유신으로 박 대통령의 무한 집권이 가능해졌지만, 힘을 가진 자가 대통령이 될 가능성 또한 열렸다. 정치 실력자 이후락 씨와 군 실력자 윤필용 장군이 힘을 합치는 걸 주변에서는 불안해했다. 대통령에게도 위협 요소였다. 신범식 씨와 박종규 씨는 이 불안 심리를 교묘히 이용했던 것이다.

그리스 신화에 아무리 먹어도 배부를 줄 모르는 인물이 등

장한다. 수확의 여신 데메테르(Demeter)는 에리직톤(Erysichton)
이 오만하고 불경스럽게 굴자 아무리 먹어도 허기가 채워지
지 않는 저주를 내렸다. 에리직톤은 눈에 보이는 대로 음식
을 먹어 치웠지만 배고픔을 면할 수 없었다. 먹을 것을 살 돈
이 떨어지자 딸을 팔기까지 했다. 결국 자신의 몸을 뜯어먹
음으로써 자멸하고 말았다.

탐욕은 끝이 없다. 많은 것을 가졌음에도 불구하고 아직
갖지 못한 것이 훨씬 더 크게 보인다. 신범식 씨는 아흔아홉
가지를 가진 인물이었다. 그러나 만족을 모르는 가난한 사람
이었다. 탐욕은 사람을 초라하게 만든다.

불순한 시대를 순진하게 살다

1970년대 정치 마당은 정글과도 같았다. 서로 야망(野望)이
라는 날카로운 발톱을 감춘 채 주변을 어슬렁거렸다. 그러다
기회가 오면 포식자(飽食者)의 본능을 드러냈다.

앞에서 밝혔듯이 신범식 씨는 박종규 씨와 손잡고 윤필용
장군을 모함하는 시나리오를 짰다. 수사를 맡은 보안사령부

는 끝내 쿠데타 모의 혐의를 입증하지 못한 채 관련자들에게 억지스러운 개인 비리 죄목을 씌워 서둘러 사건을 종결시키려고 했다.

강창성 보안사령관은 육사 8기로 윤필용 장군과 동기였다. 나중에 언론과의 인터뷰에서 그는 동기생인 윤 장군을 구제하려고 노력했었노라고 말했지만 일이 진행된 것을 보면 전혀 그렇지 않았다. 그는 진급에서 늘 윤필용 장군에게 밀려 라이벌 의식을 가지고 있었다.

신범식 씨가 윤필용 장군을 허위 밀고한데다가 때마침 내가 그를 권총으로 위협했다고 거짓 신고까지 하자 강창성 보안사령관은 쿠데타 세력을 사전에 척결(剔抉)하는 공을 세우고 싶었을 것이다. 그는 수사를 무리하게 확대시켰다. 진실이 담긴 녹음테이프는 상부에 보고하지 않았고, 윤필용 장군과 친분 있던 군인들은 거의 다 잡아들였다.

권력욕에 찬 맹수(猛獸)들이 으르렁거리는 정글에서 나는 군인으로서 책임을 다하며 사는 것에 만족했으니 불순(不純)한 시대를 순진하게 살았던 셈이다.

우연인지 운명인지 모르겠지만, 신범식 씨와 박종규 씨 모두 일찍 생을 마감했다. 각각 69세, 55세에 세상을 떠났다.

윤필용 장군 사건의 관련자들이 무죄가 되어 세상에 나올 때마다 얼마나 가슴이 철렁했을까. 아마도 사는 내내 마음이 불편했을 것이다.

진실이 담긴 녹음테이프를 무시하고 사건을 확대해 몰고 갔던 강창성 보안사령관은 그 후 좌천되었다. 이는 박정희 대통령이 윤필용 장군의 쿠데타 모의 혐의가 터무니없었음을 인정했다는 방증(傍證)이다. 유능한 장교들을 무수히 희생시킨 강 보안사령관은 훗날 삼청교육대(三淸敎育隊)에서 혹독한 시련을 겪어야 했다.

나는 일련의 사건들을 통해 권력 간에는 적당한 거리가 필요하다는 것을 절감했다. 괜한 인맥 쌓기는 득보다 실이 더 클 수도 있다. 무엇보다도 자기 직분에 충실해야 한다. 그리고 영향력을 가진 위치에 있을수록 말을 조심해야 한다. 작은 말실수가 돌이킬 수 없는 결과를 낳기도 하기 때문이다.

전부를 원하면 전부를 잃는 법이다. 이것이 세상 이치다.

3장 ◦ 회오리가 지나간 자리에
남은 것은

윤필용 장군은 왜 대법원 상고를 포기했나

군법회의에서 실형을 받은 장교들과 나는 2심 판결 후에 대법원에 상고(上告)했다. 다행히 파기환송(破棄還送)되어 나와 권익현(權翊鉉) 씨, 두 사람이 먼저 무죄로 풀려났다. 다른 사람들도 차례차례 무죄가 입증되어 누명을 벗었다. 마지막으로 김성배(金成培) 장군과 손영길 장군이 재심 청구(再審 請求)에서 각각 37년, 38년 만에 무죄 판결을 받았다.

그러나 윤필용 장군은 끝까지 상고하지 않았다. 관련자들이 무죄로 풀려날 때마다 윤 장군에게 재심 청구를 권유했지만, 그는 한사코 거절했다.

"나는 대통령께 총애를 받던 사람일세. 재판으로 시시비비

故 윤필용 장군(1927~2010)

(是是非非)를 논하는 건 내가 모신 분께 불충한 일이 아니겠는가."

그의 태도는 박정희 대통령의 사후(死後)에도 변함이 없었다. 끝내 아무런 변명도 하지 않았고, 굳게 입을 다문 채 세상을 떠나고 말았다. 그도 다른 사람들처럼 무죄 선고를 받았다면 그동안 받지 못했던 월급을 되돌려받고 연금도 정상적으로 받았을 것이다. 상당한 액수가 될 텐데 기꺼이 포기하고 없으면 없는 대로 여생을 살았다. 형이 확정되어 불명예

제대한 탓에 국립묘지에 안장되지도 못했다. 지금 그의 유해
는 납골당에 쓸쓸하게 모셔져 있다. 윤 장군의 아들이 아버
지의 명예 회복을 위해 재심을 청구하여 2012년 2월 22일 대
법원에서 사후(死後) 무죄가 선고되어 비로소 국립묘지에
안장되었다.

그가 자신의 무죄를 주장하지 않고 죽기까지 침묵으로 일
관했던 건 충성심 때문이다. 삶과 죽음으로 군신유의(君臣有義)
정신을 보여 준 것 같아서 그를 떠올리면 마음이 숙연해진다.

윤필용 장군은 대한민국 군인답게 애국심이 투철한 인물
이었다. 부하 장병들을 끔찍이 아꼈고, 대통령으로부터 두터
운 신임을 받았다. 특히 엘리트 장교들이 그를 무척 따랐다.
그에게는 남다른 호방(豪放)함과 유연한 통솔력이 있었기
때문이다.

윤 장군에 관해 많은 일화가 전해져 내려온다. 20사단장
시절에 철책(鐵柵)을 지키는 보초병(步哨兵)들이 무거운 철
모(鐵帽)를 쓰고 근무하는 것을 보고 그가 말했다.

"철모는 유사시를 대비하여 쓰는 것 아닌가. 가까운 데 놓
아두고 평소에는 약모(略帽)를 쓰고 근무하도록 하게."

약모는 흔히 볼 수 있는 가벼운 작업모(作業帽)다. 또 직속

상관 관등 성명(直屬上官 官等 姓名)을 외던 관행을 없애고, 사병들은 실무적으로 관계를 맺는 바로 위 상관 한 명만 알면 된다고 선을 그어 주었다. 불필요하다고 생각되는 관행은 과감히 없앰으로써 부하들의 고충을 덜어 주었다.

부대에 새로운 책임자가 오면 통솔 방침을 적은 액자를 거는 관행이 있었다. 새로운 통솔 방침은 그 부대의 구호가 되곤 한다. 그가 수도경비사령관으로 부임했을 때에도 통솔 방침을 적을 액자가 준비되어 있었다. 그런데 며칠이 지나도록 방침을 주지 않는 것이었다.

"사령관님, 통솔 방침을 주시면 적어서 액자에 넣겠습니다."

"그냥 백지로 남겨 두게."

"예? 무슨 말씀이신지…."

"군인이 어느 한 가지만 잘해서 되겠는가? 무슨 일이든 주어진 일에 최선을 다하는 게 군인일세. 그게 내 통솔 방침이네."

한편 화통하고 꾸밈없는 성격 때문에 오해를 받기도 했다. 윤필용 장군이 사석에서 박정희 대통령을 각하라고 부르지 않고 '이놈의 영감, 저놈의 영감' 하고 막말한다고 소문이 났다. 대통령이 이를 듣고 심기가 불편해서 괘씸죄를 물은 것이라는 얘기가 돌았다. 감옥에 갇힌 윤 장군은 이렇게 말했다.

"그것 때문이라면 지금 풀어 줘도 난 또 잡혀 들어올 걸세. 나는 옛날부터 그분을 '아니끼' 아니면 '오야지'라고 불러왔어. 나한테 그분은 영원한 아니끼이자 오야지일세. 이게 내 본심이야. 예나 지금이나 내 마음은 조금도 변한 게 없어. 앞으로도 나는 그분을 그렇게 부를 걸세. 만약에 내게 흑심이 있었다면 각하라고 불렀겠지. 오히려 각하라고 부를 때가 더 위험하단 걸 왜 모르나."

일본말로 아니끼(兄貴)는 '형 또는 선배'라는 뜻이고, 오야지(親爺)는 원래 아버지를 일컫는 말인데 어른을 친근하게 부를 때 쓰는 표현이다. 우리말로는 '영감'이라고 할 수 있다. 그의 진심은 가려진 채 말하기 좋아하는 사람들에 의해 악의적으로 왜곡되었다.

죽기까지 신의를 지키는 모습을 찾아보기 힘든 시대다. 곁에 어떤 사람을 둘 것인가 하는 선택은 운명을 좌지우지할 정도로 매우 중요하다. 만약에 박정희 대통령이 윤필용 장군의 충성을 끝까지 신뢰하고 곁에 두었더라면 어땠을까 생각해 본다.

화가 바뀌어 복이 되다

대법원에서 파기 환송 조치가 내려지기까지 나는 꼬박 1년 반을 감옥에서 보내야 했다. 수감되는 순간 시간이 정지해 버린 것 같았다. 적막 속에 우두커니 앉아서 맞은편 벽에 쓰인 낙서들을 읽기 시작했다. 그중에 유독 자주 눈에 띄는 문장이 있었다.

一婦含怨 五月飛霜
(일부함원 오월비상)

"여자가 한을 품으면 5월에도 서리가 내린다"는 뜻이다. 내게는 '一婦'가 '한 아내'로 읽혔다. 아내 혼자서 가정을 꾸리기가 얼마나 고생스러울까 생각하며 울분에 적은 글이리라. 가족을 돌보지 못하는 가장의 마음엔 한이 맺히는 법이다.

그동안 나는 육군 중앙범죄수사단 단장으로서 군대 안의 부정(不正)과 비리(非理)를 찾아 제거하는 일을 했다. 군인 정신을 살리고 군기를 바로잡는 데 필요한 일이다. 혐의자를 직접 만날 필요는 없었다. 담당 실무자의 보고를 근거로 그를 군법회의에 회부시킬지 말지를 판단했다. 조사가 철저히 이루어지고, 증거가 확실하다면 자료만 보고 판단해도 충분하다고 여겼다. 혐의자의 운명은 내 사인에 달려 있었다.

'내가 무심히 사인한 사건 중에 혹시 지금의 나처럼 억울한 사람은 없었을까?'

모를 일이다. 회오리바람에 휩쓸리듯 영문도 모른 채 혐의자가 된 사람이 하나도 없었다고 누가 장담하겠는가. 혹시 내가 법의 잣대로만 사람을 재단한 것은 아닌지 반성하게 되었다. 만약에 그랬다면 《레 미제라블(Les Miserables)》의 자베르(Javert) 경감과 다를 게 무어란 말인가.

그동안 많은 이들을 군법회의에 보냈다. 그 아내들이 나를 얼마나 원망했을까 생각하니 마음이 무거웠다. 1년 반 동안 아내가 음식과 아이들 소식을 들고 면회를 올 때마다 '그들의 아내들'이 생각났다. 면회를 마치고 쓸쓸히 집으로 돌아갈 아내의 뒷모습을 떠올리니 내 눈에 눈물이 맺혔다.

'그들도 나와 내 아내처럼 많은 눈물을 흘렸겠구나.'

사실 처음에는 억울하기만 했다. 빠져나갈 수 없는 미로에 갇힌 것 같아 절망감을 느끼기도 했다. 하지만 내 아내를 생각하고, '그들의 아내들'을 생각하니 오히려 더 잘 살아야겠다는 생각이 들었다. 그동안 내가 본의 아니게 상처를 준 사람들에게 미안해서라도 장차 더욱 바르고 친절하게 살아야겠다고 다짐했다.

또 모든 일에 감사하는 마음이 생겼다. 도저히 감사할 상황이 아니었지만, 신앙(信仰)이 내게 감사할 수 있는 힘을 공급해 주었다. 어느 날, 청와대에서 근무하던 시절에 총경(總警)으로 함께 근무했던 김재국(金載國) 씨가 내게 성경책을 보내 주었다. 표지 안쪽에 손글씨로 이런 구절을 적어 놓았다.

우리가 선을 행하되 낙심하지 말지니 포기하지 아니하면 때가 이르매 거두리라(갈라디아서 6:9).

김재국 씨의 정갈한 글씨를 보니 마음에 큰 위로가 되었다. 그가 써 준 성경 구절을 생명줄처럼 꽉 붙잡았다. 성경책이 너덜너덜해질 때까지 들고 다니며 읽었다.

'낙심하지 않고 포기하지 않으면 내게도 좋은 날이 올 것이다.'

그 믿음 덕분에 감옥에서의 시간을 버틸 수 있었다.

'하늘이 내게 겸손을 배우라고 하시는구나. 겸손하게 살라고 내게 이런 일을 주신 게 아니겠는가.'

역지사지(易地思之)가 무엇인지 비로소 알 것 같았다. 억울한 처지에 놓이지 않았다면, 감옥에 갇히지 않았다면 내가 억울하게 갇힌 이들의 심정을 어찌 헤아릴 수 있었겠는가.

속상하고 억울하다고 지레 포기하고 원망이나 하고 지냈다면 내 인생은 아무것도 아닌 채 끝났을 것이다. 신앙이 나로 하여금 숨 쉴 수 있게 해 주었다. 고통스러운 지금에 머물지 않고 미래를 바라볼 수 있는 여유가 생긴 것이다.

벽에 쓰인 글씨와 성경책에 쓰인 글씨가 나를 살렸다. 살릴 뿐만 아니라 인생의 깊은 맛을 가르쳐 주었다. 이것이야말로 전화위복(轉禍爲福)이 아니고 무엇이겠는가.

장군 안마사와 대령 사업가

1년 반 만에 무죄가 되어 군에 복귀할 수 있는 기회가 주어졌다. 하지만 옥고(獄苦)를 치르면서 상한 몸과 마음으로 나라를 지킬 수는 없었다. 결국 예편 신청을 냈다. 1974년 8월 말 나는 인생의 전부였던 군을 완전히 떠났다.

나와 함께 무죄 선고를 받았던 권익현 씨는 명예를 회복해야겠다면서 정치에 입문했다. 그는 4선 국회의원이 되었고, 민정당 대표를 역임했다. 우락부락한 인상과는 달리 자상하고 유능했던 그는 내가 서울마주협회 회장이 되었을 때, 마주 회원이 되면서까지 성원을 아끼지 않았다. 안타깝게도 그는 2017년 6월 83세를 일기로 세상을 떠났다. 나와 남다른 인연을 나눈 그를 떠올릴 때마다 감회에 젖곤 한다.

정치의 길로 들어섰던 권익현 씨와 달리 나는 군인으로서 뜻한 바를 이루지 못했다는 아쉬움이 컸다. 또한 권력 스캔들 한복판에서 정치에 환멸을 느꼈기에 그쪽으로는 관심조차 두지 않았다. 그 대신 사업이라는 전혀 새로운 길로 들어섰다. 인생길이 달라진 것이다.

군인으로서 살다가 뜻하지 않게 사업을 시작하니 모든 것이 낯설기만 했다. 고된 시간을 보낼 때마다 나는 일본의 '안마사가 된 어느 장군'의 이야기를 떠올리며 마음을 다잡곤 했다. 윤필용 장군 사건이 터지기 훨씬 전에 육군사관학교 교장 최우근(崔宇根) 중장에게서 들었던 이야기다.

일본의 어느 장군이 퇴역 후에 안마를 배워 정식 안마사가 되었다. 어느 날 고객의 부름을 받고 호텔로 향했다. 그런데 고객을 만나고 보니 자기 밑에서 부하 사병으로 있던

새까만 후배였다. 제대 후에 제법 돈을 많이 버는 사업가가
된 것이다.

장군을 한눈에 알아본 부하 사병이 몸을 곧추세우고 민망
해했다. 그러자 장군 안마사가 그에게 말했다.

"오늘 나는 안마사로 자네를 만난 걸세. 내가 할 일을 다
마칠 수 있도록 해 주게."

그의 정중한 부탁에 부하 사병은 순순히 몸을 눕혔다. 장
군 안마사는 안마하는 동안에 그에게 다른 후배들의 안부를
찬찬히 물었다.

그가 일을 마치자 부하 사병이 문까지 배웅하며 지갑에 있
는 돈을 몽땅 꺼내 들었다.

"장군님, 이게 제가 가진 전부입니다. 더 드려야 하는데 죄
송합니다."

머리 숙여 인사하는 그를 장군 안마사는 한사코 말리며 약
속된 비용만 챙겨 받았다.

"자네는 내가 부끄러운가? 그렇게 생각할 것 없네. 제2의
인생을 즐기고 있다네. 나는 이제 장군이 아니라 안마사야.
전우들의 지친 몸을 만져 주며 옛날이야기를 나누는 것도 괜
찮지 않겠나? 이게 내 명함일세. 자네 동기들에게도 이 명함

을 전해 주게. 안마사를 부를 일 있으면 나를 찾으라고 말이야. 허허허."

최우근 중장에게서 처음 이야기를 들었을 때는 가볍게 듣고 넘겼다. 그러나 인생의 부침을 경험하고 나니 잊혔던 그 이야기가 새삼 떠올라 머릿속에서 맴돌았다. 사업가로서 부족함을 느낄 때마다, 버티는 힘이 필요할 때마다 장군 안마사 이야기를 떠올렸다.

"나는 이제 군인이 아니다. 사업가다. 장군이 안마사가 된 것과 대령이 사장이 된 것을 어떻게 비교할까. 나는 훨씬 더 좋은 조건에서 일하는 것 아닌가. 견디지 못할 이유가 없다. 게다가 정신력 하면 대한민국 군인이 최고가 아닌가? 일본 군인에게 질 수는 없지."

군인 정신으로 이를 악물고 버텼다. 무슨 일이 있어도 이겨 내리라 다짐하고 또 했다.

지금도 주변 사람들에게 이따금 장군 안마사 이야기를 들려주곤 한다. 그러면 "지금 나보고 퇴직 후에 안마사가 되라는 말인가?" 하고 빈정대는 사람도 있다.

누구에게도 하나 이상의 인생은 주어지지 않는다. 한 번밖에 살 수 없는 게 인생이다.

"왕년에 내가…."

이것 하나로 시간을 헛되이 보낼 수는 없다. 옛일을 회상하며 과거에 발을 담그고 사는 인생은 종친 인생이다. 오늘과 내일을 위해 걷고 뛰어야 인생을 제대로 살 수 있다.

당나라 고시(古詩)에 이런 구절이 있다.

不是一番 寒徹骨 爭得梅花 撲鼻香

(불시일번 한철골 쟁득매화 박비향)

"뼈를 깎는 추위를 만나지 않았던들 어찌 매화가 향기를 얻었겠는가"라는 뜻이다. 지금 나는 매화의 향기를 맡고 있으니 이것으로 충분하다.

나는 어떤 처지에서도 자족하는 법을 배웠습니다. 비천하게 살 줄도 알며 풍족하게 살 줄도 압니다. 배부르거나 배고프거나 넉넉하거나 궁핍하거나 그 어떤 경우에도 적응할 수 있는 비결을 알고 있습니다. 나에게 능력을 주시는 분에게 힘입어 나는 무슨 일이든지 할 수 있습니다(빌립보서 4:11~13, 공동번역).

2부

치열하게 산 자가

누릴 줄 안다

변화를
두려워하지 않아야
성장한다

불운한 계유년생, 군대에 가다

나는 1933년 계유(癸酉)년에 강원도 철원군 김화 암정리에서 2남 3녀 중 막내로 태어났다. 금강산이 지척에 있어서인지 김화의 산수는 무척이나 아름다웠다. 물속이 환히 들여다뵈는 개울물에는 물고기들이 노닐었다. 밤에는 횃불을 들고 반두*로 고기잡이를 하기도 하고, 낮에는 반두와 보쌈*으로 불거지, 모래무지, 붕어, 미꾸라지 등을 잡아 매운탕을 끓여

● 양쪽 끝에 가늘고 긴 막대로 손잡이를 만든 그물. 주로 얕은 개울에서 물고기를 몰아 잡는다.
● 물고기를 잡는 도구의 하나. 양푼만 한 그릇에 먹이를 넣고 물고기가 들어갈 정도의 구멍을 뚫은 다음 보로 싸서 물속에 가라앉혔다가 나중에 그 구멍으로 들어간 물고기를 잡는다.

먹곤 했다. 어린 시절 천렵(川獵) 놀이를 떠올리면 지금도 그때 코끝에 스쳤던 물 향기와 볼을 매만지던 바람이 느껴지는 것 같다.

제2차 세계대전이 한창이던 때 서울로 이사했다. 서울에 오니 머리 위로 미군 폭격기 B29가 날아다녔다. 일본군은 전쟁에서 패색(敗色)이 짙어가자 수저부터 놋대접까지 포탄을 만들 만한 재료들은 다 빼앗아 갔다.

학교에 가면 못 먹어서 누렇게 부황(浮黃)이 난 아이들이 많았다. 각종 전염병이 돌아서 너나 할 것 없이 머리털이 빠지거나 온몸에 고름이 흐르는 등 성한 사람이 없었다.

연합군의 비행기 폭격이 날로 심해지자 서울을 떠나 시골로 피신하라는 소개(疏開) 명령이 떨어졌다. 우리 가족은 다시 고향으로 향했다. 국민학교(지금의 초등학교) 5학년이었던 나는 김화국민학교로 전학했다.

강원도에도 전쟁의 기운이 짙게 드리워져 있었다. 공부는 뒷전이었다. 학교에 가도 하루가 멀다 하고 산에 올라 소나무에서 송진을 채취해 오라고 하거나 방공호 파는 일을 돕게 했다. 어린 학생들까지 동원해서 부족한 전쟁 물자를 채우려고 한 것이다. 그렇게 뒤숭숭한 분위기에서 갑자기 해방을 맞았다.

그때의 감격은 지금까지도 잊을 수가 없다. 우리나라 국기를 태어나서 처음 봤다. 어디에서들 만들었는지 동네 어른들이 태극기를 손에 들고 거리로 쏟아져 나와 만세를 불렀다.

그러나 기쁨의 시간은 그리 오래가지 않았다. 해방과 함께 한반도에 38선이 그어졌다. 북위 38도 선을 기준으로 북쪽은 소련이 남쪽은 미국이 진주했다. 김화는 38선 이북에 위치해 있었다. 소련군이 마을로 들어오자마자 흉흉한 소문이 나돌기 시작했다. 한쪽 팔에 손목시계를 일고여덟 개씩 찬 군인들이 행인들의 손목시계를 닥치는 대로 빼앗아 간다고 했다. 그뿐만 아니라 덩치 큰 군인들이 여자만 보면 짐승처럼 달려들어 겁탈한다고 했다. 해가 지면 사람들은 문을 꼭꼭 걸어 잠갔다. 여자들은 다락 같은 곳에 숨어서 밖으로 나오지도 못했다. 동네 사람들은 세상 무서워서 못 살겠다고 고개를 저으며 잔뜩 긴장한 채로 길을 다녔다.

우리 가족은 38선을 넘어 남쪽으로 내려가기로 했다. 길 안내자를 따라온 가족이 짐 보따리를 들고 산길을 따라 넘어온 곳이 포천이다. 다행히도 38선에 있던 개울이 깊지가 않아 무사히 건널 수 있었다.

보성중학교 5학년 때, 학우들과 함께(뒷줄 오른쪽 인물이 저자)

　서울에 도착했지만 편안한 시간은 그리 오래가지 못했다. 6·25 전쟁이 발발했기 때문이다. 보성중학교 5학년(지금의 고등학교 2학년) 때의 일이다. 3개월간의 인민군 점령하에 우리 학년의 많은 학생이 인민의용군으로 끌려갔다. 다른 학생들은 인민군의 눈을 피해 땅을 파고 들어가 숨어 지내야만 했다. 1950년 9월 28일, UN군과 국군에 의해 서울이 수복(收復)되었다. 숨어 있던 우리들은 환호했다. 중단됐던 공부가 궁금해서 학교에 가 보았으나 모두 피난을 떠나 학교는 폐허가 되다시피 했다. 이렇게 1933년 계유년생들은 매우 불운한 청춘을 보내야 했다.

1950년 12월 18일, 내 이름이 적힌 징집영장이 나왔다. 집결지인 비원으로 가서 제2국민병으로 소집된 수천 명의 입대자들과 함께 행군에 참여했다. 목적지도 알 수 없었다. 첫날 북한강 강변의 찬바람과 눈보라를 맞으면서 걸어간 곳이 경기도 덕소였다. 민가에서 마련해 준 주먹밥으로 허기를 때우고 그다음 날부터 여주, 장호원, 문경새재, 상주를 거쳐 대구 밑의 경산까지 매일 100~120리 정도를 걸었다. 13일 정도 걸렸다. 매일 걸으니 발이 퉁퉁 부었다.

하루는 자고 일어났더니 발치에 벗어 두었던 운동화가 없어졌다. 여분의 운동화가 있는 것도 아니어서 눈 덮인 길을 맨발로라도 걸어야 할 형편이었다. 엄두가 나지 않아 급히 짚신을 구해 신었다. 그러나 금세 발뒤꿈치가 헐어 흙과 눈과 피가 범벅이 되었다. 몹시 힘들고 아팠다.

행군 끝에 도착한 경산에서 한밤중에 현역 군인들이 나와 부대 편성을 했다. 나는 훈련소 제5교육대로 배치되었다. 후일 알게 된 일이지만 그때 행군에 전 재무장관 이용만(李龍萬) 씨와 언론인 이도형(李度珩) 씨도 함께했다고 한다.

고등학교 과정을 다 마치지 못하는 상황이 안타까웠지만 어쩔 수 없었다. 이왕 군대에 들어갔으니 장교가 되고 싶었다. 보병학교 시험에 합격하여 1952년 1월 19일에 소위(少尉)로 임관한 뒤 헌병학교 교관이 되었다.

2년 뒤인 1954년, 미국 정부에서 한국 헌병 장교 2인에게 과학수사 교육을 시켜 준다는 공고가 붙었다. 나는 응시할 생각조차 하지 않았다. 고등학교 과정을 다 마치기도 전에 입대한 데다 미국인을 만난 적도 없었기 때문이다.

그런데 응시자가 한 명도 나오지 않자 부대별로 의무적으로 한두 명씩 차출하도록 명령이 내려왔다. 그 바람에 엉겁결에 시험을 치르게 되었다. 필기시험은 그럭저럭 치렀지만, 구두시험에선 고문관의 질문을 알아듣지도 못했으니 보나마나 낙방이었다.

그런데 결과 발표를 보니 내가 선발되었다. 생각지도 않은 일이 벌어졌다.

보성중학교 1학년 때 나이 많은 선생님께 영어를 배웠다. 턱선이 따로 없는 영화감독 알프레드 히치콕(Alfred Hitchcock)을 닮아 별명이 '무(無)턱'이었다. 무턱 유경상(劉敬相) 선생님은 매년 중학 신입생들의 영어를 가르쳤다. 알파벳을 몇십 장씩 써 오는 숙제를 내거나 영문법 책을 모조리 베껴 쓰는 숙제를 내 주곤 했다. 숙제를 안 해 오거나 질문에 대답을 못 할 때, 수업 태도가 불량하거나 필체(筆體)가 나쁠 경우에는 예외 없이 앞으로 불려 나가 회초리로 종아리를 맞아야 했다.

선생님은 늘 회초리를 한 묶음씩 들고 다니셨다. 매를 맞은 학생은 벌로 다음 날 회초리를 만들어 선생님께 갖다 드려야 했다. 그 때문에 회초리가 바닥날 일은 없었다. 영어 시간만 되면 앉아 있어도 다리가 후들거리곤 했다. 그러나 그 덕분에 1년이 지난 뒤에는 다른 학교 동급생들에 비해 영어 실력이 비교되지 않을 정도로 향상되어 있었다. 1950년 서울대 입학시험에 응시한 보성고 학생 98명 중 97명이 합격했다. 탄탄한 영어 실력이 큰 몫을 했을 것이다.

유 선생님의 엄한 가르침 덕분에 나는 미국에서 공부할 기회를 얻을 수 있었다. 노력이라는 기초 없이 인생의 탑이 세워질 리 만무하다. 지금 우리가 누리는 번영(繁榮)은 가난했던 시절에 악착같이 가르치고 공부한 덕분에 얻어진 결과다.

무턱 선생님에게서 배운 것은 영어만이 아니다. 그분은 학칙 위반 학생들을 대상으로 징계 회의가 열릴 때마다 학생의 편에 서서 선처(善處)를 강력히 요청하던 분이었다고 한다. 외유내강(外柔內剛)이 돋보이는 세상이다. 그러나 무턱 선생님의 외강내유(外剛內柔)가 참사랑이 아닌가 생각해 본다.

나는 그러한 사랑이 더욱 그립고 귀하게 여겨진다.

쓰잘데기 없는 것 때문에 인생이 바뀐 성일기

보성중학교 동기 중에 성일기(成日耆)가 있다. 김정일(金正日)의 처, 성혜림(成蕙琳)의 친오빠다.

성일기는 경남 창녕 만석꾼 집안의 4대 독자 종손으로 태어났다. 그의 부모는 이른바 빨갱이이었다. 아버지는 흔히 남로당이라고 불리는 남조선노동당(南朝鮮勞動黨)의 재정책임자였고, 어머니는 공작원 양성 기관인 강동정치학원(江東政治學院)을 1기로 졸업하여 〈로동신문〉 논설위원이 되었다.

그는 또래 중학생들에 비해 무척 영특해 보였다. 듣자니 국민학교 6년 내내 줄곧 1등만 했다고 한다. 지금은 중고등학교가 각 3년제이지만 당시에는 중학교 6년제였다. 성일기는 4학년 때 돌연 자취를 감추었다. 그가 어디에서 무얼 했는지 자세한 내막을 알게 된 것은 그로부터 반세기가 지난 1990년대 말쯤이었다. 그동안 그는 한국 현대사의 압축이요 한 편의 비극과도 같은 인생을 살았다.

일찍이 부모는 이념을 따라 월북했고, 그는 하루아침에 소년가장이 되어 두 여동생을 돌봐야 했다. 그러던 중에 북의 어머니로부터 전갈이 온 것이다. 중학 4학년 때였다. 모스크바로 유학을 보내 줄 테니 속히 북으로 올라오라는 내용이었다. 성일기는 산을 넘고 강을 건너 평양으로 달려갔고 꿈에도 그리던 어머니를 만났다. 그러나 얼마 후 모스크바가 아닌 강동정치학원으로 보내졌다.

강동정치학원은 남파 게릴라 양성소였다. 그곳에서 2년간 교육을 받고 제3군관(장교)학교에서 훈련을 받았다. 이때 이름을 차진철로 바꾸었다. 성일기는 차진철이란 이름으로 제3군관학교를 수석으로 졸업했다. 그리고 1950년 6월 24일, 6·25 전쟁이 발발하기 하루 전날 보트를 타고 38선 이남 울진으로 내려왔다.

울진에 상륙한 차진철의 게릴라 부대는 태백산맥을 타고 남쪽을 향하여 남도부(南道富)가 이끌던 빨치산 사령부에 합류했다. 남도부는 경상남도 언양 근처 신불산과 천황산을 거점으로 활동하고 있었다.

차진철은 남도부의 직속 참모장이 되었다. 그의 나이 18세였다. 나이는 어렸지만 부대를 이끌 정도로 유능했고 두터운 신임을 얻는 인재였다. 그가 합류한 남도부 부대는 200여 명 규모로 신출귀몰(神出鬼沒)하여 군과 경찰로 구성된 토벌대를 괴롭혔다.

1953년 9월 추석 무렵이었다. 남도부는 휴전에 대한 소문을 들었지만, 북에서는 아무런 기별도 없는 상태여서 불안했다. 사실, 그해 7월 27일 협정으로 휴전된 상태였다. 시간이 갈수록 남도부뿐만 아니라 남한에서 활동했던 빨치산들은 자신들이 공중에 뜬 신세가 되었음을 깨달아 갔다.

사령관 남도부가 차진철에게 이렇게 말했다고 한다.

"느그 고향 창녕에 퍼뜩 다녀온나. 대소가(大小家)가 다 그대로 있는지, 있으면 가서 은신할 수 있는지…. 알아보고 오거라."

차진철의 일가친척이 모두 빨갱이였던 것은 아니다. 특히 큰아버지는 빨갱이가 된 그의 부모를 몹시 미워했다고 한다. 하지만 차진철은 끝내 남도부를 고향 큰아버지 댁에 은신시켰다. 때마침 관할 경찰서장이 다녀가기도 했지만 발각되지는 않았다. 석 달쯤 지난 뒤에 남도부는 대구로 이동했고, 차진철은 남아 있다가 체포되었다.

당대의 권력자 김창룡 특무대장은 차진철이 나이답지 않

게 폭넓은 지식을 지닌 데다 빨치산 포로로서는 드물게 당당하고 담력 있는 모습을 보이자 이에 반해 음양으로 도움을 주었다고 한다. 덕분에 살아남았으나 가족들이 있는 북한으로 돌아가지는 못했다.

남한에 홀로 남은 차진철은 다시 성일기로 돌아왔다. 열렬한 공산주의자였던 부모는 지주 출신이라는 이유로 환대받지 못하고 찬밥 신세가 되어 점점 쇠락해 갔다. 바로 밑 여동생 혜랑은 김일성대학을 나와 결혼했고, 막내 혜림은 평양예술대학을 나와 일급 공훈배우가 되어 월북작가 이기영의 아들과 결혼했다. 혜림은 김정일의 눈에 들어 남편과 이혼했지만, 정식으로 재혼하지 못한 채 아들 김정남을 낳았다. 이후 모스크바에서 요양하며 외롭게 살다가 죽었다. 성혜랑은 파리로 망명하여 작가 생활을 하고 있다. 그의 아들, 이한영이 남한으로 귀순했으나 김정일에 의해 살해되고 말았다.

이처럼 성일기와 그의 가족들은 한반도 38선을 넘나들며 겨레의 비극을 고스란히 겪었다. 그는 중풍으로 한쪽 몸을 제대로 가누지 못하지만, 옛 기억은 또렷한 모양이다. 얼마 전에 그를 인터뷰하는 장면을 TV에서 봤다. 사회자가 "아쉬울 것 없는 만석꾼 집안인데 왜 월북을 했습니까?" 하고 묻자 그가 냉소적으로 답했다.

"그때는 그게 유행이었소."

그러면서 이념이란 "다 쓰잘데기 없는 것. 다 쓰잘데기 없는 것"이라며 고개를 저었다. 그의 말대로 '쓰잘데기 하나 없는' 이념 때문에 그는 빨치산이 되었던 것이다. 지금도 그의 얼굴을 보면 불운한 청춘이었던 계유년생의 아픔을 느낀다.

수랭식인가 공랭식인가

1954년 미국에 갈 때 비행기가 아닌 배를 타고 갔다. 비행기라고 해 봐야 프로펠러 비행기밖에 없을 때였다. 15,000톤짜리 중형(中型) 군 수송함을 탔다. 미국까지는 보통 보름 정도 걸렸다. 뱃멀미 때문에 오가는 동안 너무 고통스러웠다.

집 떠난 지 얼마 되지도 않았는데 고향 생각만 났다. 음식이 입에 맞지 않아서 김치, 깍두기 생각이 간절했다. 스테이크를 굽는 기름 냄새가 비위에 거슬렸다. 그나마 소금에 찍어 먹는 프라이드치킨이 가장 먹을 만했다. 그래서 오로지 치킨만 먹었다. 나중에는 미국이란 이름만 들어도 뱃멀미와 기름 냄새가 떠올라 진저리가 날 정도였다.

인천에서 미국 시애틀까지 배를 타고 가서, 시애틀에서 시카고까지 사흘간 기차를 탔다. 육군 중위밖에 안 되었지만, 장교라고 풀맨(Pullman)이라는 독실을 내주었다. 그때까지 그런 기차를 타본 적이 없었다. 아니, 본 적조차 없었다. 독실인데다가 밤에는 버튼을 누르면 침대가 나오고, 소파가 있고, 내부에 세면대와 화장실까지 갖추고 있었다. 나에게 풀맨은 환상 그 자체였다. 객실에서 혼자 조용히 책을 읽을 수 있다는 게 제일 좋았다. 시카고까지 사흘 동안 내리 달렸다.

나중에 들은 보병 장교들의 풀맨 독실 체험담은 한편으로는 재밌고 또 한편으로는 가슴이 아프기도 했다. 교육이 끝나고 귀국하기 전에 150여 명이 기차로 이동했는데, 점심시간에 식당차를 이용한 장교가 한 사람도 없었다고 한다. 안내 방송을 해도 소용이 없었다. 인원수에 맞춰 음식을 준비해 놓았는데 아무도 오지 않으니 급기야 담당자가 상황 파악에 나섰다.

알고 보니 식비를 아끼기 위해 장교들이 미리 싸구려 빵을 사서 챙겨 왔기 때문이었다. 독실이니 아무도 안 보는 데서 빵과 세면대 물로 허기를 때우려고 했던 것이다. 식당차에서 버려질 음식물을 염려한 인솔 단장이 객실마다 명령을 내렸다. 의무적으로 한 가지씩 사 먹으라는 명령이었다.

한 줄로 선 장교 150여 명이 모두 가장 저렴한 커피만 주문했다. 급기야 식당차를 떼 버렸다는 소문이 있었는데 진위(眞僞)는 알 수 없다. 궁핍했던 시절이라 배곯는 일은 아무것도 아닌 것으로 여겼다. 위장(胃腸)은 비어도 주머니에 동전이 있는 편이 훨씬 안심되었다.

그때는 뱃살이 인품(人品)과 재력(財力)을 나타냈다. 당시 나는 새파랗게 젊은 20대 중위였는데 배 나온 남자들이 그렇게 부러울 수가 없었다. 누가 맥주를 마시면 배가 나온다고 해서 학과가 끝나면 장교 클럽에 가서 캔 맥주를 두세 개씩 사 마시곤 했다. 원래 술을 못 마시는 체질인데도 약 먹는 셈 치고 억지로 마셨다. 못 먹어서 피골이 상접한 사람들 천지였으니 배 나온 사람이 선망의 대상이었다. 그만큼 가난이 싫었던 것이다. 부자 흉내라도 내고 싶어서 빈속에 맥주를 마셨다.

미국에 가기 전까지는 달걀은 날로 먹거나 삶든지 부쳐 먹는 게 전부인 줄 알았다. 그런데 미군 장교 식당에 가니 "달걀을 어떻게 요리해서 줄까?" 하고 묻는 것이었다. 달걀로

1954년 6월, 군 수송함을 타고 미 육군헌병학교 유학길에 오르다

요리한다는 얘기는 처음 들어 봤다. 무슨 뜻인지 못 알아들어서 결국 날달걀 두 개를 식판에 담아 자리에 앉았다.

미국인들의 시선이 느껴졌다.

'저 동양인이 날달걀로 대체 뭘 하려는 거지?'

포크로 달걀의 위아래를 톡톡 쳐서 껍질을 깨뜨렸다. 보란 듯이 들고 쏙 빨아 먹었다. 그랬더니 내가 무슨 묘기라도 부린 것처럼 미군 장교들이 놀란 눈으로 쳐다봤다. 달걀은 그렇게 먹는 것인 줄로만 알았다. 먹어 본 적이 없으니 요리법을 알 턱이 없었다.

포트 베닝(Fort Benning) 보병학교로 교육받으러 간 장교 150명의 실수담은 나와는 비교도 할 수 없다. 장교들 대부분이 영어를 잘 못했다. 통역 장교가 없으면 의사소통이 안 되었다.

당시 50명당 한 명씩 통역 장교가 배치되었다. 장교 식당에서 배식(配食)을 받을 때 통역 장교가 맨 앞에 서고 50명이 그 뒤에 나란히 줄지어 서곤 했다. 통역 장교가 주문하고 지나가면 뒷사람들은 무조건 "미 투(Me too)"를 외쳤다. 만약에 그가 스크램블드에그(scrambled eggs), 즉 달걀을 깨뜨려 휘저어 부친 프라이를 주문하면 그 뒤에 선 50명이 모두 스크램블드에그를 먹는 식이었다.

50명이 하나같이 휘저은 달걀 프라이만 먹으니 미국인 요리사가 "한국 장교들은 스크램블드에그를 좋아하는구나" 하고 단단히 오해했다. 그날 밤에 아침에 내놓을 달걀을 모조리 깨뜨려 휘저어 준비해 두었다. 다음 날 아침, 통역 장교가 이번에는 써니 사이드 업(sunny-side up), 즉 계란 반숙 프라이를 주문했다. 이번에도 50명이 모두 "미 투, 미 투"를 외쳤다. 결국 미리 준비해 놓은 달걀 물은 고스란히 남아 처치 곤란이었다고 한다.

미국에서 6개월간 교육받는 동안, 봉급 외에 150불이 지급되었다. 기숙사비, 식비, 세탁비 등으로 지출될 생활비와 용돈이었다. 생활비로 최소 80~90불이 들었으니 기껏 아껴 봐야 50~60불이 남았다. 60불씩 남긴다고 치면 6개월에 360불을 저축할 수 있었다.

보병 장교들은 한 푼이라도 더 남기기 위해 끼니를 거르는 일이 허다했다. 그들은 서로 "저 녀석은 수랭식(水冷式), 이 녀석은 공랭식(空冷式)" 하고 우스갯소리로 부르길 좋아했다.

기관총은 총신(銃身)이 열을 많이 받게 되면 성능이 떨어진다. 그래서 냉각을 시켜 줘야 하는데, 냉각 방식에는 수랭식과 공랭식이 있다. 총신에 물을 넣어 식히는 것을 수랭식이라고 하고, 총신을 공기로 식히는 것을 공랭식이라고 한다.

돈을 아끼느라 끼니를 거르는 장교들 중에 그나마 코카콜라라도 사 마시는 부류는 수랭식, 그마저도 아끼느라 공기만 들이마시는 부류를 공랭식이라고 불렀다.

내게는 그런 별명이 재밌게 들리기는커녕 창피스럽기만 했다. 미국 군인들이 대한민국 장교들을 얼마나 인색하게 볼까 싶어서 기분이 상했다. 여유 없이 팍팍하게 사는 모습을 보이고 싶지 않았다. 나라 망신을 시키는 것 같아서 속으로 경멸하기까지 했다.

나중에 윤필용 장군에게 보병 장교들의 수렁식, 공랭식 별명 이야기를 들려 드렸다.

"세상에 그런 짠돌이들이 없습니다."

"나도 짠돌이였어."

"장군님도 굶으셨단 말입니까?"

"나도 굶었지. 그때는 말이야. 우리 어머니가 삯바느질하셔서 먹고살았거든. 고생하시는 어머니를 생각하니 밥을 다 먹을 수가 없었어. 그래서 나도 많이 굶었지. 한 푼이라도 아끼려고 말이야."

그 순간 할 말을 잃었다. 당시 나는 20대 총각이었고, 집안 살림도 그리 어렵지 않았다. 그래서 용돈은 내 마음대로 쓰고도 남아서 혼자서 영화를 보러 다니곤 했다. 세상 물정을 몰랐던 것이다. 십수 년이 지나서야 내가 잘못 생각했다는 것을 깨달았다.

지혜(知慧)는 걸음이 느리다. 늘 시간이 흐른 뒤 늦게 도착한다.

신세계 체험은 선각을 깨운다

1950년대 중반만 해도 미국에서 한국인들을 만나기가 무척 어려웠다. 이민자들이 많지 않았기 때문이다. 이따금 길에서 연세 많은 교포 할머니가 군복에 붙은 코리아를 보고 손자를 만난 듯 반가워하기도 했다.

"아이고, 한국에서 왔어? 한국 사람이야?"

끌어안고 통곡하는 할머니도 있었다. 타향살이가 얼마나 고되고 외로우면 그런 울음이 터져 나왔겠는가.

6개월간의 공부를 마치고 귀국하기 전에 YMCA 호텔에서 하룻밤을 묵은 적이 있다. 방 열쇠를 받아 엘리베이터를 탔다. 그런데 아무리 기다려도 엘리베이터 걸이 오지 않는 것이다. 기다리다 못해 안내 데스크에 가서 문의했다.

"엘리베이터 걸은 언제 옵니까?"

"여기는 그런 거 없습니다."

"그러면 어떻게 올라갑니까?"

한국에서는 엘리베이터 걸이 알아서 층마다 안내해 주던 시대다. 그러니 엘리베이터 작동 방법을 알 리가 없었다. 우리의 사정을 눈치챈 미국인 직원이 웃으면서 따라오라고 손짓했다. 엘리베이터가 열리자 그가 물었다.

"몇 층에 가신다고요?"

"5층이요."

"그러면 여기 숫자 단추 중에서 5를 누르시면 됩니다."

단추를 누르면 엘리베이터가 움직인다는 사실을 그때 처음 알았다. 불과 몇십 년 전의 일인데 요즘 젊은이들이 듣기에는 수백 년 전의 이야기처럼 들릴 것이다. 그야말로 격세지감(隔世之感)을 느낀다.

당시 미국은 우리 장교들에게는 그야말로 신세계(新世界)였다. 선진 문물(文物)을 체험하는 거의 유일한 통로였다. 미국은 군사원조(軍事援助)의 일환으로 6·25 전쟁 직후부터 10년간 매년 대한민국 장교들을 250명씩 미국에서 군사훈련을 받을 수 있도록 초청했다. 보병이 150명으로 가장 규모가 컸고, 포병이 100명 정도 되었다. 헌병이나 다른 병과(兵科)들은 소수 인원이었다. 총 2,000여 명이 다녀온 셈이다.

이때 선진 문화를 체험하고 돌아온 군인들이 시대를 앞서 간 개화된 엘리트들이다. 일본의 근대화를 이끈 '메이지유신(明治維新)'의 시작을 보면 1950년대 대한민국 군 엘리트의 역할이 얼마나 중요했는지 이해하게 된다.

1853년, 일본 동경만 아래쪽 우라가(浦賀)에 미국 동인도

함대(東印度艦隊) 소속 군함 4척이 나타났다. 일본인들은 이 군함을 가리켜 구로후네(黑船), 즉 '검은 배'라고 불렀다. 목선(木船)만 보던 일본인들에게 철선(鐵船)은 매우 낯설고 신기해 보였다. 무거운 쇳덩이가 어떻게 물 위에 떠 있을 수 있는지 의아해했다.

구로후네를 보고 자극을 받은 요시다 쇼인(吉田松陰)이라는 20대 젊은이가 있었다.

"내가 저 배를 타지 않으면 일본은 깨어나지 못한다!"

그는 선진 문물을 배우고 싶어서 밀항을 시도했다가 체포되어 고향으로 돌려보내졌다. 천재적인 선각자였던 요시다 쇼인은 쇼카손주쿠(松下村塾)라는 서당을 세워 19~25세 청년 13명을 가르치며 호연지기(浩然之氣)를 심어 주었다. 이 작은 서당에서 총리대신(總理大臣)이 세 명, 대신(大臣)이 여섯 명 배출되었다. 이토 히로부미(伊藤博文)도 이곳 출신이다. 이들이 훗날 메이지유신의 주역이 되었다.

마찬가지로 미국에서 군사훈련을 받았던 개화된 군 엘리트들이 대한민국 선진화의 주역이 되었다.

새로운 문물을 접할 기회를 갖는다는 것은 매우 감사한 일이다. 시대를 이끌 선각자가 될 기회가 주어진다는 뜻이기 때문이다. 낯설고 두렵더라도 새로운 세계를 향해 계속 도전해야만 하는 이유가 여기에 있다.

한국인 최초로 거짓말 탐지기를 배우다

미국에서 과학수사를 배우고 돌아온 지 6년이 되었을 때, 마침 미국 조지아주 오거스타(Augusta)에 있는 포트 고든(Fort Gordon)의 미 육군헌병학교에서 거짓말 탐지기(lie detector) 교육을 위해 한 사람을 선발한다는 공문이 내려왔다. 시험을 통과하여 내가 다시 가게 되었다.

1960년, 이번에는 프로펠러 비행기를 타고 샌프란시스코에 도착했다. 시카고로 이동하기 위해 비행기를 갈아타야 했다. 미군 수송 장교가 표를 끊어 주면서 싱긋 웃었다.

"당신은 나도 아직 못 타 본 제트엔진 비행기를 타는군요."

제트엔진 비행기가 처음 나왔을 때다. 이륙할 때의 탄력이 프로펠러 비행기와는 비교가 안 되었다. 마치 로켓을 타고 나는 것 같았다. 하늘에서 내려다보니 붉은 조명의 시가지가 황홀하게 빛났다.

'미군 장교도 타 보지 못한 것을 내가 타다니…'

6년 전에 뱃멀미를 하며 고생했던 때를 떠올리니 감개무량했다. 두 번째 미국 생활은 훨씬 수월했다. 나는 우리나라에서 거짓말 탐지기를 처음으로 접하고 정식으로 배운 최초의 인물이 되었다.

과정을 마치고 돌아와 육군 과학수사연구소 소장이 되었다. 판사, 검사, 경찰, 보안사 등 수사와 관련된 각 기관을 상대로 거짓말 탐지기 교육을 실시했다.

거짓말 탐지기는 수사 분야만이 아니라 심리학에서도 많이 활용되는 도구다. 폴리그래프(polygraph)를 통해 각종 심리 검사나 적성 검사를 할 수 있다. 또는 광고 효과나 다양한 정서를 연구하는 데에 쓰이기도 한다. 덕분에 각 대학 심리학과에서 난리가 났다. 말로만 들었던 거짓말 탐지기를 실제로 보고 배울 기회가 생겼기 때문이다. 여기저기서 나를 초청하기 시작했다. 많은 대학에서 강연할 기회가 있었다.

헌병학교 교관 시절에 대구에 있는 청구대학에서 야간부 학생을 모집한다는 광고를 보고, 헌병 업무와도 관련이 있는 법학과에 응시하여 합격했다. 주간에는 교관으로 일하고, 야간에는 대학생이 되어 열심히 법학을 공부했다. 1954년과

60년, 두 번에 걸친 미국 유학을 통해 범죄 심리학을 접하게 된 것이 인연이 되어 성균관대학교 대학원 심리학과에 입학하여 석사(M.A.) 학위를 취득했는데, 그 덕분에 6·25 전쟁으로 대학 공부를 더 하지 못한 아쉬움을 덜 수 있었다.

1961부터 62년까지 서울대학교 문리과대학에서 범죄심리학을 강의했는데, 당시 20대 젊은 육군 대위였던 나는 때론 군복을 갈아입지 못한 채로 강단에 서야 했지만, 그때의 보람은 지금도 잊히질 않는다.

지금도 거짓말 탐지기 자격증은 국방부 조사대에서 발급한다. 검사도 경찰도 자격증은 국방부에서 받아야 한다. 우리나라 최초로 거짓말 탐지기 기술을 배워 온 내가 육군 과학수사연구소 소장으로 일했기 때문에 전통처럼 지금까지 내려오고 있는 것이다. 그동안 육군 과학수사연구소는 없어지고 국방부 과학수사연구소가 됐다. 현재 거짓말 탐지기 기술 인력은 약 120명 정도가 된다.

거짓말 탐지기의 조사가 얼마나 정확한지 묻는 사람들이 많다. 지금까지의 내 경험으로는 거의 정확하다. 조사 대상자가 정신이상이거나 기억이 없거나 뇌에 이상이 있는 경우를 제외하고는, 정상인의 경우 결과가 매우 정확하게 나온다.

대표적인 사건 두 가지만 예를 들어 보겠다. 하나는 "황 판사 변사 사건"은 매우 유명한 사건이다. 1961년 4월 22일 아침, 우리나라 여성 판사 1호인 황윤석(黃允石) 판사가 변사체로 발견되었다. 부부가 함께 잤는데 일어나 보니 아내가 죽어 있었던 것이다.

남편 손정현(孫正鉉) 씨가 아내에게 약을 먹여서 죽였다는 혐의로 구속되었다. 죽은 황 판사와 시어머니 사이가 매우 나빴다는 진술도 있었다. 황 판사의 사체 부검을 세 번이나 했지만, 결과가 다 다르게 나왔다. 별다른 증거가 나오지 않자 사건은 미궁에 빠지는 듯했다.

박승서(朴承緒) 검사와 김치열(金致烈) 변호사의 대결이 화제였다. 검사는 남편과 시어머니가 약을 먹여서 살해했다고 주장했고, 변호사는 자연사(自然死)를 주장했다. 두 주장이 팽팽하게 맞섰다.

결국 거짓말 탐지기를 써 보자는 이야기가 나왔다. 검사와 변호사, 양측이 모두 자신만만했기 때문에 거짓말 탐지기 조사에 주저함이 없었다.

워낙 세간의 이목이 집중된 사건이라 신중을 기해야 했다. 객관성을 위해 미8군에 가서 검사를 실시하기로 했다. 미군 측 기술자 입회하에 황 판사의 남편 손정현 씨를 심문했다. 그랬더니 그래프가 아주 깨끗하게 나왔다. 죄의식이 없었고, 아내가 어떻게 죽었는지에 대해서도 아는 바가 없었다. 어떤 질문을 해도 결과는 같았다.

결과를 그대로 통보했다. 변호사가 법정에서 감정인(鑑定人) 증언을 해 줄 것을 요청했다. 나는 과학적 사실 그대로를 증언했다. 그 결과 손정현 씨에게 무죄가 선고되었다.

황 판사의 가족이 재판 결과에 불만을 품고 나를 욕하며 원망했다. 심장마비로 사망했을 확률이 높다는 과학적 견해가 많았다. 심장마비는 해부해도 잘 알 수 없다고 한다. 평소에 고부간 갈등이 워낙 컸던지라 사람들이 의심의 눈초리로 봐서 사건이 확대된 것이다.

상황이 애매하고 증거가 불명확할 때 거짓말 탐지기가 진위(眞僞)를 밝혀 줄 수 있다. 그래서 재판에서 결정적인 증거로 채택되는 것이다.

두 번째 사건은 한 가정에서 일어난 소동이었다. 과거에 상사로 모셨던 백인엽(白仁燁) 중장이 물었다.

"거짓말 탐지기가 정말 믿을 만하오?"

"그럼요, 정확합니다."

"개인적으로 부탁할 일이 있는데…."

"말씀해 보십시오."

소동의 내용은 이랬다. 아내가 2층 방에 걸어 두었던 밍크 목도리 두 개가 없어졌다는 것이다. 그때가 한여름이었는데, 도둑이 들어와서 목도리 두 개만 가져갔을 리가 없으니 집 안 사람의 소행이라고 여긴 것이다. 일하는 아주머니가 의심 되는데, 횡설수설하면서도 자기는 절대로 아니라고 우기고 만 있으니 진실인지 거짓인지 알아봐 달라는 것이었다.

평소에 집을 자주 드나드는 운전병과 전속 부관까지 7명 정도가 조사 대상자가 되었다. 한 사람씩 조사하기로 했다. 백인엽 중장은 반신반의(半信半疑)하면서도 혹시나 하는 마 음에 사람들을 차례로 보냈다.

가장 의심되는 아주머니부터 조사를 시작했는데 결과가 아주 깨끗했다. 세 번째 인물까지 결과가 깨끗했다. 그런데 네 번째로 찾아온 운전병에게서 거짓이 포착되었다.

"거짓말 탐지기가 당신이 목도리를 가져갔다고 말하는군."

"아닙니다. 절대 아닙니다."

거짓말 탐지기를 신뢰하는 과학수사연구소 소장으로서 그 냥 넘어갈 수는 없었다. 만약에 계속 부인하면 정식으로 조사를 시작하겠다고 으름장을 놓았다. 그제야 눈물을 흘리며 자백했다.

성병(性病)에 걸려 치료를 받아야 하는데 돈이 없어서 고민하다가 벽에 걸린 밍크 목도리를 보고 욕심이 났던 것이다. 물건을 내다 판 돈으로 병원 치료를 받았다고 한다.

"어디에 내다 팔았소?"

"동대문시장에서 싸게 팔아넘겼습니다."

그를 차에 태우고 동대문시장으로 향했다. 다행히 둘 중하나가 남아 있어서 회수해 왔다. 되찾은 밍크 목도리를 장군 댁에 돌려주면서 자초지종을 설명했다. 병 치료 때문에 그런 것이니 법적으로 처리하기보다는 다른 데로 전출(轉出)보내는 게 어떻겠냐고 권유했다. 전출되는 것으로 잘 마무리되었다.

미국에서는 거짓말 탐지 검사관이 전문직이라 〈폴리그래프 연구소〉를 개인이 운영할 수 있다. 법적 분쟁만이 아니라집안 문제에도 거짓말 탐지기가 활용되고 있다.

앞으로는 더욱 많은 분야에서 활용될 수 있을 것이다. 대기업 재정 담당자나 중요 물품을 취급하는 사람들을 채용할때 6개월이나 1년에 한 번씩 거짓말 탐지기를 이용해 정직

(正直)을 입증하겠다는 동의서를 받을 수 있다. 그러면 사건이 터진 다음에 재판에까지 갈 일이 없다. 사전에 예방되기 때문이다. 단돈 100원도 손을 대지 못하게 될 것이다. 실제로 미국에서는 주요 직책에 활용하여 성과가 좋았다.

또는 비밀 유지가 필요한 직책에도 활용할 수 있다. 비밀 유지 서약을 어겼을 경우에 거짓말 탐지기가 짚어 낼 것이기 때문이다. 이런 식의 인사 관리가 지금 미국에서 많이 쓰이고 있다. 우리 사회에도 도입된다면 부정부패 예방에 효과가 크리라고 생각한다.

재판에서 다른 증거 없이 거짓말 탐지기 조사 결과만 가지고 죄의 유무를 판단해서는 안 된다. 눈으로 볼 수 없는 몸속을 엑스레이로 촬영하는 것과는 다르기 때문이다. 거짓말 탐지기는 조사자가 질문을 던졌을 때에 피조사자가 나타내는 반응의 참, 거짓을 밝히는 것이기에 사람의 영향으로부터 완전히 자유롭지 못하다.

그러나 정황과 증거가 모호한 상태에서 판단이 어려울 때는 거짓말 탐지기의 조사 결과가 결정적인 역할을 할 수 있다.

2장 。   뜨거운 가슴으로
냉정하게 판단하라

10인의 암행어사, 옥석을 가려라

1965년, 소령으로 진급한 뒤에 육군대학 1년 정규 과정에 들어갔다. 1년 동안 관사(官舍)를 제공받고 국비(國費)로 공부할 수 있었는데, 장차 장군이 될 만한 군 엘리트를 교육하는 과정이었다.

헌병 출신은 나 혼자였다. 이때 처음으로 육군사관학교 출신의 엘리트들 17명이 한꺼번에 입학했다. 전두환(全斗煥) 소령, 이상훈(李相薰) 소령, 이기백(李基百) 소령, 김복동(金復東) 소령, 최연식(崔連植) 소령, 김기택(金基宅) 소령 등이 나의 동기들이다. 이들이 나중에 대통령, 국방부 장관, 합참의장, 육군사관학교 교장, 국방대학원장 등이 되었다.

정규 과정을 마치고 부산 헌병대에 내려가 근무했다. 1967년 3월, 청와대에서 갑작스럽게 호출 명령이 내려왔다. 급히 상경하니 신설된 대통령 직속 청와대 특별민정반에서 일하라는 지시가 내렸다.

박정희 대통령은 치안국장이었던 박영수(朴英秀) 씨를 특별민정반의 책임자로 세우고 정부 각 부처에서 선발된 10명으로 민정(民情)을 살피는 현대판 암행어사와도 같은 제도를 만들었다.

대통령이 임명장을 주는 자리에서 이렇게 당부했다.

"같은 사안인데도 정부 기관마다 보고 내용이 상반될 때가 많으니 당신들이 최고통치자의 눈과 귀가 되어 민정을 사심 없이 살피어 객관적으로 보고해 주길 바란다."

1967년 초 대통령이 부산을 방문했을 때 부산역에 암표상들이 많다는 보고를 받고, 특별민정반에 실태 조사를 지시했다. 그해 4월, 나는 서정신(徐廷信) 검사와 2인 1조가 되어 부산역 암표(暗票) 현황을 조사하기 시작했다. 일주일 동안 옷을 바꿔 입어 가면서 야간열차, 주간열차, 완행, 급행, 특별 열차 등등 다양한 종류의 열차를 타고 다니며 조사했다.

내가 차표를 끊느라 줄을 서 있으면, 서 검사가 조금 떨어진 곳에서 사람들이 표를 사는 광경을 지켜봤다. 그런데 50~60명이 표를 산 것으로 보이는데 매표창구에는 벌써 매진(賣盡) 표시가 걸리곤 했다. 매진되면 아무도 표를 살 수가 없다.

철도청에 의뢰하여 각 역에서 판매할 수 있는 표의 양을 조사했다. 예를 들어, 부산역에 할당된 양이 300장이라고 하자. 50~60명이 표를 샀는데 매진되었다면 반 이상이 암표로 팔려 나갔다는 것을 짐작할 수 있다.

실제로 역 주변의 매점 주인이나 신문팔이, 구두닦이에게 가서 "기차표가 꼭 필요한데 표가 매진되었으니 어떡하느냐"고 발을 동동 구르면 그들이 넌지시 말을 건넨다.

"값을 두 배로 쳐 주면 표를 구해 줄 수 있는데요."

돈을 주고 나서 가만히 지켜보면 하나같이 역무원에게 가서 표를 구해 오는 것이었다.

열차별로 일일이 확인한 결과, 역에서 절반 정도만 정상적으로 팔고 나머지는 암표로 돌리는 것을 알 수 있었다.

수사를 위해 역무원들의 집을 확인해 두었다. 당시 통행금지가 있었다. 부산검찰청 검사장에게 우리의 신분을 밝히고 도움을 요청했다. 귀가한 역무원들을 통행금지 시간에 불시

연행해서 조사해 달라고 했다. 암표가 어떤 방식으로 불법 유통되고, 그 수익금은 어떻게 나뉘어 사용되는지 밝히기 위해서였다. 비리가 속속들이 밝혀졌다. 심지어 역장까지도 검은돈을 상납받는 등 연루되어 있었다.

대통령에게 여과 없이 보고했다. 부산역장에서부터 관련자들 모두 파면 조치되었다. 그런데 이상하게도 양택식(梁鐸植) 철도청장은 해임되지 않았다. 그 후 철도청장은 암표를 방지하기 위해 전국 매표소마다 판매 현황을 실시간으로 써서 붙이고 30분마다 안내 방송을 내보내도록 지시했다.

그로부터 정확히 3개월 뒤, 기차표의 매표 상황이 그동안 얼마나 개선되었는지 확인해 보라는 대통령의 지시가 내려졌다. 특별민정반 10명이 각각 서울역, 청량리역, 대전역, 대구역, 광주역 등 주요 역에 나가서 조사했다. 암표의 양은 줄었으나 근절된 것은 아니라는 보고가 올라갔다.

나는 내심 '이번에는 양택식 철도청장이 책임을 지게 생겼구나' 하고 생각했다. 하지만 대통령이 보고서에 대해 아무런 지시도 내리지 않아서 의아했다. 대통령의 의중을 알 수가 없었다. 그런데 얼마 후에 경부고속도로 건설 계획이 발표되는 것을 보고 무릎을 쳤다.

사실 암표가 쉽게 근절되지 않을 만한 이유가 있었던 것이다. 당시 화물열차 한 칸을 얻기가 하늘의 별 따기만큼이나 어려웠다. 부산에서 고무신을 만들어 서울로 보낼 때는 상당한 시간이 걸린다고 해도 물건의 품질에는 문제가 없다. 하지만 생선이나 채소의 경우는 다르다. 신선함이 생명이기 때문이다. 최대한 빨리 운반해야만 한다.

철도청장이 판매 방식을 제도적으로 고쳤는데도 불구하고, 암표가 근절되지 않은 것은 수요와 공급의 차이가 워낙 컸기 때문이다. 승객과 실을 물건은 많은데 운반할 교통수단이 턱없이 부족했다. 그러니 암표 근절을 위한 근본적인 해결책은 교통수단의 확대, 즉 고속도로를 개통하는 것이다.

게다가 암표와 관련된 검은돈이 상납된 것은 역장까지였다. 철도청장에게까지 상납되었다는 증거는 없었다. 이것이 바로 양택식 철도청장이 해임되지 않았던 이유다. 죄과가 확실하지 않다면 능력 있는 사람은 계속 일하게 두는 것이 좋다. 사건이 터질 때마다 무조건 윗사람에게 책임을 물어 해임하거나 사임하게 하는 것은 오히려 공무(公務)에 지장을 줄 수 있다. 옥석(玉石)을 구분하고 일의 우선순위를 정하는 안목이 필요하다.

리더는 허수에 속지 않아야 한다

1968년 2월, 농한기(農閑期)에도 생산적인 활동을 할 수 있도록 대책을 마련하라는 대통령의 지시가 있었다. 대개의 농가는 농사일을 할 수 없는 겨울이 오면 봄이 올 때까지 막걸리를 마시는 낙(樂) 등으로 버티곤 했다. 그러다 봄이 와야 비로소 논밭을 갈았다.

놀고먹지만 말고 무슨 일이든 할 일을 찾아 하라는 대통령의 지시가 내려지자 전국이 들썩거렸다. 특용작물을 재배하거나 새끼줄을 꼬든 가마니를 만들든 생산적인 일을 하자는 운동이 벌어졌다. 당장은 적은 돈처럼 보여도 전국적으로 봤을 때는 무시할 수 없는 규모의 소득 증대가 될 것이었다.

1년 후, 각 도에서 인구 비례 소득을 보고했다. 그러자 특별민정반에 새로운 지시가 내려왔다. 각 도에서 보고된 자료가 맞는지 현지에 가서 확인하라는 것이다.

강원도 지역을 맡은 나는 도청(道廳)을 찾아가 도지사에게서 농한기 활동에 대해 브리핑을 들었다. 각 군청에서 올라온 보고 내용을 취합한 내용이었다. 자료를 받아들고 어디를 간다는 얘기 없이 차를 타고 대관령을 넘어서 되도록 먼 곳을 찾아갔다.

그때 다다른 곳이 명주군이다. 군청을 찾아가 보고된 내용을 확인했다. 군청 산하 읍면에서 올라온 자료들이었다. 자료를 받아들고 임의로 면을 하나 골라 찾아갔다. 그런 식으로 계속 찾아들어 가 보니 보고서에 기록된 숫자가 대부분 허수(虛數)라는 것을 알게 되었다.

본래 취지는 농한기에 놀지만 말고 가마니를 짜든지 특용작물을 재배하여 수익을 창출하라는 것이었다. 그런데 그동안 농가에서 키우고 있던 소, 돼지, 닭 등을 돈으로 환산한 것뿐, 실제로 수익이 일어난 것은 거의 없었다. 어떻게든 좋은 성과를 내고 싶은 욕심으로 허수를 만들었다. 도지사들은 각기 경쟁적으로 실적을 부풀리기에 급급했다. 청와대에 실태가 보고되자 한바탕 난리가 났다.

리더는 지시한 사항에 대해 끝까지 점검하는 세심함을 가져야 한다. 지시할 때는 관련자들이 모두 알 수 있도록 확실하게 전하고, 결과를 꼭 확인해야 한다. 그렇게 하지 않으면 보고서에는 허수만 가득 찰 것이다.

특별민정반 활동을 한 지 1년쯤 지났을 때, 박정희 대통령이 '특별민정반 소속 지성한 중령의 보고서를 보고 군을 보는 눈이 바뀌었다'고 대단한 치하(致賀)를 했다. 소문이 삽시간에 청와대 안을 돌았다.

대통령께 칭찬을 받았다는 소문이 나자 나에 대한 사람들의 관심도 부쩍 높아졌다. 당시 이후락 비서실장, 박종규 경호실장, 신범식 대변인이 모두 나를 보좌관으로 쓰고 싶다며 군복을 벗으라고 종용했다. 그 바람에 나와 군대 동기생인 김종신(金鍾信) 비서관이 곤혹스러운 일을 당하기도 했다. 사방에서 그를 불러서 나에게 권유해 보라고 성화였기 때문이다.

그러나 젊음을 군에서 보낸 만큼 육군 중령으로 예편하는 것이 아쉽기만 했다. 나의 목표는 장군이 되는 것이었다. 장군으로 예편한 뒤에 나라를 위해 일해도 늦지 않을 것 같았다. 청와대 근무는 군 경력에 포함되지 않으므로 하루라도 빨리 군으로 돌아가 경력의 공백을 메우고 싶은 마음뿐이었다. 군으로 돌아가고 싶다는 열망으로 가득 차서 쟁쟁한 세력가들의 부름이 귀에 들어오지 않았다.

드디어 군으로 복귀하는 날이 다가왔다. 박영수 씨에 이어 특별민정반을 맡은 유승원(柳承源) 비서관과 함께 대통령께 인사를 드리러 갔다. 대통령이 표창장을 주면서 "지 중령을 내 곁에 가까이 두라"고 지시를 내렸다. 덕분에 나는 필동 수도경비사령부 제5헌병 대대장으로 발령을 받게 되었다.

권력의 꽃이라는 대통령에게 가까이 있는 것보다 군복을 다시 입게 된 것이 더욱 기뻤다. 군에 복귀한 후에도 때때로 이후락 비서실장 보좌관인 나병직(羅秉直)씨로부터 다녀가라는 연락이 오곤 했다. 가 보면 웃어른의 지시라고 하면서 부하 장병들과 회식이라도 하라는 메시지와 함께 하사금이 든 봉투가 준비되어 있었다. 한번은 대통령이 해외 순방 후에 선물을 챙겨 봉투에 친필로 내 이름을 적어 보내 주기도 했다. 그 심부름을 한 사람이 바로 당시 수경사 30대대장으로 근무했던 전두환 중령이다. 그러나 이런 호의는 누구에게나 베풀어진 것이 아니었기 때문에 드러내어 말할 수는 없었다. 지금까지 나만의 좋은 추억으로 간직해 왔던 이야기다.

법의 권위는 단호한 집행에서 나온다

수도경비사령부 제5헌병 대대장으로 부임하던 1968년은 김신조 일당의 청와대 습격 사건, 울진·삼척 무장 공비 침투 사건, 이승복 어린이 피살 사건 등이 일어나 민심이 뒤숭숭

했다. 1971년 8월에는 실미도 사건까지 일어나 치안에 더욱 신경을 쓸 수밖에 없었다.

당시에는 통행금지 시간이 있어 자정부터 새벽 5시까지는 민간인과 일반차량이 시내를 다닐 수 없었다. 공무(公務)상 필요한 경우에는 야간통행증을 소지해야 했다. 통행금지 시간 동안 헌병과 경찰이 한강대교 등 주요 지역에 합동 검문소를 설치하고 검문검색을 실시했다.

그러나 청와대, 정보부, 보안사, 검찰 등 권력기관에 속한 사람들은 검문검색에 잘 응하지 않았다. 바리케이드를 무시하고 질주해 버리는가 하면, 차창을 내리고 "나야, 나" 하고 지나가기 일쑤였다.

통행금지라는 사회적 규칙을 세워 놓고 유야무야 만들 수는 없었다. 보다 못해 참모회의에서 중대한 결정을 내렸다. 각 기관에 공문을 보내 일주일 뒤부터 검문검색을 강화할 것이며 이에 불응하는 모든 차량에 발포할 예정이니 협조를 바란다고 전했다. 검문소를 지나치는 이들이 어떤 사람들인지 잘 알고 있던 중대장이 걱정하며 말했다.

"검문을 피해 질주하는 차량의 바퀴를 조준해서 쏘라고 하긴 하겠지만, 자칫 실수하여 사람이 다치기라도 하면 어떡합니까?"

"내가 책임질 테니 반드시 차를 세워서 누구인지 확인하고 통과시켜라."

다시 한 번 명령을 분명히 했다. 나는 서울 시민의 안전을 위해서라면 어떠한 희생이 있더라도 감수해야 한다고 믿었다. 그래야 치안을 온전히 유지할 수 있다고 확신했다.

현장 실무자는 법을 가장 강력하게 집행할 수 있는 위치에 있다. 그래서 실무자에게는 지시를 명확히 해 주어야 한다. 고위층으로 올라갈수록 생각이 많아져서 실행력이 약화되기 마련이다.

실시 첫날부터 위반이 2건 있었다. 미리 경고한 대로 질주 차량에 발포했더니 그다음부터는 무단 통행하는 차량이 자취를 감추었다.

법을 정했으면 엄격히 집행해야 한다. 그래야 법이 실제적인 효력을 발휘하며 사회질서가 비로소 자리를 잡는 법이다.

얼마 후, 북한이 남한의 비행기를 탈취하여 청와대를 폭파할 계획을 세웠다는 첩보가 들어왔다. 지리적 거리만 봐도 실현 가능성이 전혀 없는 일이 아니었다. 만약에 비행기가 청와대를 폭파한다면 몇 분 안에 38선을 넘어 북으로 도망

갈 수 있다. 순식간에 벌어질 수 있는 일이기에 대공포 사수가 상부에 보고해서 사격 여부를 지시받을 시간이 없다. 현장에서 판단하여 빠르게 조치하는 것이 중요하다.

그래서 서울 외곽 대공화기(對空火器)가 있는 고사포(高射砲)부대마다 각 위치의 침입 기준을 분명하게 정해 주고 침입으로 판단될 경우에 상부에 물어볼 것 없이 바로 발포하라고 지침을 내렸다. 자동차와 달리 비행기에 발포하는 것은 매우 위험하다. 십중팔구 대형 사고로 이어지기 때문이다. 그러나 이 또한 규정대로 행하지 않으면 질서를 잡지 못할 것이었다.

캄캄한 밤, 도심 건물에서 반짝이는 빨간 불빛은 그곳에 주요 시설이 있으니 비행기가 접근하지 말라는 뜻의 '항공장애표시등'이다. 국제항공법상 한 나라의 중요한 시설이 있는 도시 상공은 비행금지구역(No-fly zone)이다. 하늘의 비무장지대와도 같은 것이다. 그럼에도 불구하고 1970년대 초에는 이를 위반하는 경우가 1년에도 몇십 건씩 되곤 했다.

국가 안보를 위해 서울 상공을 오가는 국제항공사들과 비행 관련 기관 및 업체에 "모월 모일부터 수도 상공에 무단 진입 시 발포하겠다"는 공문을 보냈다.

어느 날 일본항공(JAL)이 정해진 항로를 이탈하여 서울 상공으로 진입했다. 이를 감지한 고사포부대에서 항공기를 향해 일제히 사격했다. 사실 등에서 식은땀이 흐르는 상황이었다. 국제 민간 항공기를 격추시킬 경우 벌어질 국제 문제가 심각하기 때문이다. 그러나 이 사건 이후에는 위반 사례가 없어졌다.

포탄이 비행기를 맞추지 못하고 마포 지역에 떨어졌는데 인명 피해가 없었다. 다행이었다. 그러나 임무를 제대로 수행하지 못한 포병대 대장이 체포되어 조사를 받아야 했다. 분석 결과 대공포(對空砲)의 사거리(射距離)가 짧은 것이 원인으로 밝혀져 포병대 대장은 방면되었고 이후 대공포를 신식 화기로 교체했다.

이것이 질서를 잡는 길이다. 법은 법대로 지켜져야 한다. 질서는 말로 되는 게 아니다. 이론이나 주의로 지켜지지 않는다. 평화도 전쟁을 각오하고 있을 때 지켜지는 것이다. 결코 거저 주어지지 않는다.

나는 대한민국 군인이라는 자긍심에 차 있었다. 군인으로서 소임을 다하며 충실하게 사는 것에 매우 만족해했다. 그러나 예기치 않게 불어 닥친 윤필용 장군 사건이라는 회오리

바람에 나의 꿈은 산산조각 나 버렸다.

그럼에도 불구하고, 누가 충성된 공복인가

윤필용 장군 사건으로 서빙고 분실에서 조사받던 때를 떠올리면 지금도 등줄기가 뻣뻣해지는 것을 느낀다. 높은 악명에 걸맞게 조사 과정이 상당히 혹독했다. 수사관들이 돌아가며 신문했다. 그들도 사람인지라 어떤 이들은 한밤중에 아무도 없을 때면 찾아와 미안하다고 사과하기도 했다. 윗선의 지시로 어쩔 수 없이 독하게 조사할 따름이라며 마음에 걸려 했다. 다음날 분실에서 그를 만나면 그가 아무리 엄하게 신문해도 그러려니 하고 견딜 수 있었다.

그런데 유독 한 사람만이 끝까지 험하게 굴었다. 김씨 성을 가진 그 수사관은 내 전담이라도 되는 듯 우리 집의 가택수색을 지휘하는 등 처음부터 끝까지 바뀌지 않고 내내 나를 신문했다. 한번 조사에 들어가면 꼬박 밤을 새우기 일쑤였다. 어떤 상황에서도 눈 하나 깜짝 안 하는 냉혈한 같아 보이는 그의 얼굴만 봐도 오금이 저려 왔다. 내가 무죄로 풀려날 때까지 그는 내게 사과 한마디 하지 않았고, 미안한 표정조차 짓지 않았다. 단 한 번도….

시간이 흘렀고, 신앙의 힘으로 몸과 마음이 많이 회복되었다. 그러나 그 냉혈 수사관의 얼굴이 문득 떠오를 때면 소름이 끼치곤 했다. 그때마다 '그는 대체 왜 나를 그렇게 모질게 대했을까' 하고 생각했다. 내게 개인적인 원한이 있었던 것도 아니다. 사건이 아니었다면 평생 모르고 지냈을지도 모르는 관계였다.

갈수록 그에 대한 생각이 바뀌어 갔다. 평소 나는 자신의 직무에 충실한 사람을 존경해 왔다. 그는 수사관으로서 자신이 해야 할 일을 했을 뿐이지 않은가. 시종일관 맡은 바 책임을 다하려고 애를 썼음이 틀림없다. 사사로운 정에 휘둘리지 않고 오히려 냉철하게 꿋꿋한 자세를 유지했던 모습이 존경스럽게 느껴졌다. 그런 관점에서 바라보니 어느덧 증오는 사그라들고 존중하는 마음이 생겨났다. 혹시 그를 다시 만나게 된다면 "당신, 참 용하오" 하고 인사하고 싶었다.

어느 날 엘리베이터에서 그와 마주쳤다. 마치 영화의 한 장면 같았다. 내 앞에 엘리베이터 문이 열렸는데 그가 거기서 있었다. 주위엔 아무도 없었다. 일대일 정면으로 마주친 것이다. 순간 멈칫했다. 그가 모른 체하고 지나치려고 했다. 내가 얼른 그의 손을 붙잡았다.

"나와 잠시 이야기 좀 하시겠소?"

근처 다방으로 향했다. 그는 그때까지도 서빙고 분실에서 일하고 있다고 했다. 나는 그에게 그 시간들이 얼마나 끔찍했는지 솔직하게 얘기해 주었다. 그리고 만나면 꼭 하고 싶었던 이야기가 있었노라고 했다.

"당신을 원망하지 않습니다. 비록 소름 끼칠 정도로 나를 혹독하게 대했지만, 그럼에도 불구하고 당신이 맡은 일에 충성을 다했던 것만은 인정합니다. 공복(公僕)으로서 훌륭한 자세라고 생각합니다. 그런 자세로 나라를 위해 충성을 다해 주십시오."

내가 예상 밖의 말을 하자 적잖이 놀란 눈치였다. 이내 눈빛이 풀어지더니 내게 명함을 건넸다.

"앞으로 사시다가 어려운 일이 있으면 제게 전화를 주십시오. 도울 일이 있으면 최선을 다해서 돕겠습니다."

고맙다고 인사하며 명함을 받았다. 그의 명함에는 전화번호 하나만 적혀 있었다. 그 뒤로 지금까지 다시 만난 적은 한 번도 없다.

그날의 운명적인 만남은 그와 나에게 선물과도 같았다. 덕분에 가슴의 멍울을 남기지 않고 가볍게 털어버릴 수 있었다.

자신의 일에 자기만큼 절박한 이는 없다

1974년 8월 31일, 1년 반의 옥고를 치르고 난 뒤 군을 떠났다. 6·25 전쟁 때 어린 나이로 군에 입대한 후 줄곧 윗사람의 명령에 따라 움직이는 삶을 살았다. 그러나 앞으로는 자유롭게 자생자결(自生自決)하는 삶을 살겠다고 다짐했다. 주변 사람들의 권유로 TV, 냉장고, 전자레인지 같은 전자제품에 들어가는 플라스틱 재질의 부품을 만드는 일에 손을 댔다. 급료를 받는 군인에서 월급을 주는 사업가로 입장이 바뀌었다.

그로부터 오늘에 이르기까지 근 50년간 대한전선, 대우전자, GM 자동차 등에 부품을 납품하면서 군에서는 경험해보지 못했던 일들을 보고 배우며 느낀 바가 많다.

사업 초기에 주요 거래처인 대한전선이 구미에 있어서 운반비를 줄일 겸 아예 그곳에 공장을 짓기로 했다. 당시 우리 회사를 포함한 4개 업체가 땅을 알아봤다. 그런데 구미공단 내 부지는 이미 다 팔리고 남은 곳이라고는 끄트머리에 붙은 만 평 남짓한 땅뿐이었다.

공단 측에 공장 부지가 필요하다고 재차 요청하니 공원으로 쓰려고 남긴 땅은 있다고 일러주었다. 하지만 매립지(埋立地)라 지내력(地耐力)이 약해서 공장 건물을 지으려면 파일을 박아야 한다고 했다.

파일을 박는 비용이 건물을 짓는 만큼이나 되었다. 일반 시공에 비해 2배나 높은 비용을 지출해야 하는 것이다. 그만큼 투자할 여력이 없었다.

건축학과 교수에게 다른 방법이 없는지 자문을 구했다. 그가 공단에서 조사한 지내력 자료를 보자고 했다. 검토하다가 새로운 사실을 발견했다. 공단의 자료는 일본 표준에 따라 조사된 자료였다.

일본은 지진이 많은 지역이라 지내력에 대한 기준이 다른 나라들보다 훨씬 엄격하다. 하지만 우리나라는 비교적 지진 피해가 적은 지역이므로 같은 기준을 적용할 필요가 없다.

교수가 작은 포클레인을 빌려다가 땅을 파보라고 했다. 매립지에서 굵은 모래층이 나왔다. 이 정도면 고층 건물을 짓지 않는 한 공장 부지로서는 무리가 없다고 판단해 주었다. 덕분에 파일을 박지 않고 그대로 건물을 지었다. 지금까지 아무 이상이 없다.

당시 나와 함께 공장 부지를 알아봤던 다른 업체들은 공단에서 제시해 준 대로 땅에 파일을 박는 공사를 했다. 그러나 몇 년이 못 가서 다들 부도가 나고 말았다.

지내력에 관한 기준이 일본 표준인지 한국 표준인지 살펴보지 않고 곧이곧대로 파일 공사를 했더라면 우리 회사도 비용을 두 배나 더 지출해야 했을 것이다. 자료를 면밀히 검토한 덕분에 불필요한 지출을 막을 수 있었다. 생각건대 회사 경영에 있어서 철저한 자료 검토와 확인은 필수적이다.

모든 일은 시작이 매우 중요하다. 사전에 철저한 검토와 분석을 통해 대비한다 해도 수시로 바뀌는 상황에 대처하기란 쉬운 일이 아니다. 그러니 처음부터 허술하다면 시간이 갈수록 어려움이 가중되는 것은 너무도 당연한 일이다.

그로부터 7년쯤 후에 대한전선은 전자사업부를 대우전자로 매각했다. 그에 따라 이번에는 대우전자에 가까운 인천과 부평에 공장 부지를 알아봐야 했다. 마침 부평에 공장으로 허가된 아담한 건물이 매물로 나와 있어 바로 구입했다. 큰

트럭 하나가 지나갈 정도의 폭 6미터 도로를 따라 들어가는 막다른 길에 공장이 있었다.

구입한 지 1년쯤 뒤에 진입 도로의 주인이라는 사람이 나타나 사유지(私有地)이니 더 이상 출입하지 말라며 시비를 걸어 왔다. 난처한 상황이 되었다.

그러나 공장 건축은 소방 도로가 있어야 허가를 받을 수 있다. 따라서 이미 허가가 난 공장은 사용 도로 또한 인정된 것으로 간주할 수 있으니 사용을 금하는 것은 말이 안 된다고 맞섰다.

진입 도로의 소유자는 법무사(法務士) 사무장으로 관련법에 통달한 사람이었다. 이전 소유자의 사정으로 도로를 포함한 주변 땅이 법원에 경매로 나오자 싼 가격에 낙찰을 받았다.

그는 내게 주변 땅까지 비싼 가격에 구입하도록 종용했다. 만약 사지 않으면 지나다니지도 못하게 하겠다고 으름장을 놓았다. 그러나 나는 법적으로 문제가 없으므로 도로를 살 필요가 없다고 맞섰다.

몇 달 뒤 그는 우리 공장이 자신의 사유지를 무단으로 사용하고 있다고 소송을 걸었다.

1심 민사재판에서 지방법원은 경매로 낙찰받은 땅은 사유지로 인정된다고 하여 원고 승소 판결을 내렸다. 나는 항소했다. 2심을 대비하여 사법, 행정고시에 모두 합격한 친구 변호사를 찾아갔다. 그간의 사정을 설명하고 사건을 맡아 달라고 부탁했더니 쾌히 승낙했다. 그러나 막상 재판이 진행되자 내게 승산이 없어 보인다고 했다.

그때부터 나는 변호사, 판사, 검사 가리지 않고 아는 법조인을 다 찾아다니며 자문을 구했다. 모두 고개를 저었다. 그러다가 어느 판사가 한 가지 묘책을 알려주었다. 우선 상대방의 재산권을 인정하고, 다만 해당 토지를 구매할 능력이 안 되니 대신에 통행료를 지불하겠다고 하라고 했다.

단, 통행료 지불을 위해 땅 소유주는 하루에 자동차와 사람이 얼마나 지나다니는지 통계를 내야 한다. 그러면 나는 조사한 통계 자료에 따라 통행료를 지불하면 된다.

과연 통행료를 얼마나 부과해야 하는가가 쟁점이 된다. 당시 서울에서 인천으로 갈 때 고속도로 이용료가 500원이었다. 그것을 기준으로 문제가 되는 진입로의 거리를 환산해 적용해 봤자 몇 원 정도에 불과하다. 푼돈인 것이다. 사람이나 자동차가 도로를 지날 때마다 통행료를 낼 테니 대신에 통과 횟수는 도로의 주인이 파악해야 한다.

담당 판사가 심의하다가 놀란 표정을 지었다. 결국 양측이 다시 한 번 논의해 보라며 재판을 연기했다. 다음 날 땅 소유주가 나를 찾아왔다. 본인이 법원 경매에서 구매했던 금액 그대로 내게 팔겠다고 제안해 왔다. 나는 그의 제안을 받아들여 구입 후 인천시에 기부채납(寄附採納) 했다. 이로써 사건이 일단락되었다.

나는 이러한 일들을 통해서 돈보다 좋은 친구, 지식, 경험이 더 큰 가치의 재화(財貨)임을 깨달았다. 자기와 관련된 병이나 법적 소송 문제는 의사나 변호사에 의뢰하는 것에 그쳐서는 안 된다. 자신의 일은 자기가 직접 찾아서 해결하려는 노력이 필요하다. 인생은 자기 것이므로. 전문가이든 아니든, 알든 모르든 자신의 노력이 필요하다. 본인이 본인 스스로 책임을 져야 한다. 병도 전문가가 하는 것 같으나 자기가 자기 병을 알아야 한다.

1,2심 법원 판결로 변호사들도 끝났다고 한 사건을 본인이 도서관에서 법전을 공부하고 판례를 찾아 끝내 대법원 판결에서 승리한 친구가 있다. 본인이 관련된 일은 본인이 스스로 해결해야 한다. 이러한 것이 삶을 대하는 올바른 태도이며 인생의 묘미가 아니겠는가.

3장 。 보이는 것만 보지 말고
꿰뚫어 봐라

경마가 과연 도박일까

대구 헌병학교 교관 시절에는 기마헌병대가 있어서 승마가 유일한 낙이었다. 수성천(壽城川)을 따라 풀 향기를 맡으며 말을 달릴 때면 서부 영화의 주인공이 된 기분에 온 세상이 마치 내 것 같은 환희에 젖곤 했다.

그런 추억이 있어서 1993년 서울마주협회가 창설될 때 즐거이 참여했다. 전 국방장관인 오자복(吳滋福) 씨가 초대 회장직을 맡았고, 이어서 1996년에 내가 2대 회장이 되었다. 그때 세계 각국을 여행하면서 경마의 현황과 마주제도를 접하고 경마에 대한 생각이 크게 바뀌었다.

경마는 영국에서 시작되었다. 생후 3년이 경주마의 전성

1998년, 마주협회 회원들과 환담을 나누다
(왼쪽부터 김용원, 저자, 권익현, 신동호, 김경원)

기라고 한다. 최고 기량을 가진 3년생 말들이 겨루는 엡섬 더비(Epsom Derby) 경마대회는 1779년부터 지금까지 240여 년째 이어져 내려오는 유서 깊은 대회로 세계 3대 경마대회 중 하나다. 제1차, 제2차 세계대전 중에도 중단 없이 계속 열렸을 정도로 국민들로부터 깊은 사랑을 받는 대회다.

이처럼 영국인의 경마 사랑은 유난하다. 윈스턴 처칠 (Winston Churchill)은 국정이 바쁜 중에도 경마장을 자주 찾았고, 수상이 되기보다 더비에 출전하는 경주마의 마주가 되는 편이 더 좋다고 말하기도 했다. 실제로 그는 정계에서 은퇴한 후에 고향에 내려가 목장에서 말을 사육하며 노후를 보냈다.

호주에서 멜버른 컵(Melbourne Cup) 대회를 참관하고 놀랐다. 경기가 열리는 날이 공휴일로 지정되어 있는데 이미 100여 년 전부터 전통적으로 그래 왔다는 것이다. 그뿐만 아니라 노벨문학상을 수상한 미국 작가 어니스트 헤밍웨이(Ernest Hemingway)는 경마를 너무 좋아해서 파리를 사랑한다고까지 말했다.

우리나라는 지금도 경마를 도박으로 여기고 패가망신하는 지름길로 보며 백안시(白眼視)한다. 그러나 영국이나 호주가 국민들에게 도박을 장려하기 위해 전쟁 중에도 대회를 계속 열고, 심지어 대회 날을 공휴일로 지정하기까지 했겠는가? 생각해 봐야 할 문제다.

우리는 그동안 먹고살기 위해 일생을 바쳐 왔다. 전쟁 후 나라를 재건하기 위한 불가피한 과정이었다. 그러나 그 과정에서 삶의 멋과 기쁨을 누리는 법을 잊어버렸다.

개인이든 사회든 건강하기 위해서는 긴장(緊張)과 이완(弛緩)의 조화가 필요하다. 긴장만 계속되거나 이완만 지속된다면 병이 날 수밖에 없다. 삶에는 일장일완(一張一緩)의 여유가 필요하다.

지금까지 멜버른 컵에서만 12번이나 우승을 차지한 바 있는 호주 경마계의 살아 있는 전설, 조련사이자 마주인 바트 커밍스(Bart Cummings)가 1996년 9번째 우승할 때 경기를 관람한 적이 있다. 당시 칠십이 넘은 그가 주름진 얼굴 위로 감격의 눈물을 흘리는 모습을 보고, 나는 "내 평생에 기뻐서 울어본 적이 얼마나 있는가" 하고 자문했다.

1996년 일본 사이타마현(埼玉縣)을 방문했다. 쓰치야 요시히코(土屋義彦) 지사를 만나 인사를 나누었다. 그는 참의원 의장, 환경청 장관, 사이타마현 지사를 3회나 연임한 일본 정계의 중진이다. 내가 마주협회 회장이라고 소개하자 그가 놀랍다는 표정으로 조심스레 말했다.

"경마 같은 도박을 즐기실 것 같지 않은데 의외입니다."

"지사님은 주식을 사고파신 적이 있습니까?"

"있지요."

"부동산은 사고파신 적이 있습니까?"

"물론 있지요."

"주식이나 부동산 거래는 투자라고 하지 도박이라고 하지 않지요. 그런데 경마는 왜 투자가 아닌 도박으로만 볼까요? 넓게 보면 이게 다 도박 아닙니까? 결과가 어떻게 될지 모른 채 사지 않습니까."

쓰치야 지사가 동의가 되지 않는다는 듯 말없이 미소를 지었다.

"지사님, 지금 큰 도박을 하고 계시는 것 아십니까?"

"제가요? 제가 무슨 도박을 합니까?"

"인생이야말로 가장 큰 도박이 아닐까요? 지금 그 도박을 하고 계시는 겁니다."

그때서야 지사가 무릎을 치며 웃었다.

"지 회장님 말씀이 맞습니다. 인생이야말로 도박이고말고요."

사실 일본도 경마에 대한 사랑이 뿌리 깊다. 천재 작가로 알려진 기쿠치 간(菊池寬), 소설가 요시카와 에이지(吉川英治), 다나카 가쿠에이(田中角榮) 전 총리 등이 경마 마니아로 알려질 정도로 문화로 자리 잡혀 있다. 실제로 일본 서점에는 어디를 가나 경마책 코너가 따로 있어서 경마를 즐기는 저명인사들의 일화가 담긴 책들이 즐비하다.

1997년 6월 영국 마주협회를 방문할 당시에 엡섬 더비 경마대회장에서 엘리자베스 2세 여왕의 어머니(the Queen Mother)를 알현하여 친분을 쌓게 되었다. 1999년 4월에 김대중 대통령의 초청으로 영국 여왕의 한국 방문이 예정된 것을

1997년, 영국 여왕 엘리자베스 2세의
모후(母后)를 알현하다

알고, 여왕의 모친에게 편지를 썼다. 여왕이 한국을 방문할 때 과천 경마장을 한번 꼭 방문해 주었으면 좋겠다는 내용이 었다.

곧 답장이 왔다.

"지 회장의 간절한 마음을 여왕에게 잘 전달했습니다."

방한 전에 선발대로 도착한 수행 비서에게 브라운 영국 대사를 통해 과천경마장에 여왕을 초청하고 싶다고 전했다. 하지만 한국의 대표 명소, 즉 서울 인사동이나 안동 하회마을 같은 곳을 찾아보는 데만도 일정이 꽉 차서 경마장 방문은 어렵겠다는 답변이 돌아왔다. 무척 실망스러웠다.

4월 21일, 영국 여왕의 마지막 공식 일정은 KBS음악회 관람이었다. 공연이 끝난 뒤에 각국 대사들이 여왕을 알현하는 시간이 있었다. 나는 서울마주협회 회장 자격으로 참석해서 여왕을 알현했다.

여왕이 사람들과 일일이 악수하며 짧은 인사를 나누었다. 내 차례가 되자 여왕에게 "이번에 한국의 경마장을 방문해 주시길 바랐는데 이루어지지 않아 섭섭했다"고 인사했다.

여왕이 의외의 답변을 했다.

"한국의 경마는 주말에만 열리지 않나요? 경기가 열리지도 않는 경마장을 가서 뭣하겠어요? 그래서 아쉽지만 일정을 잡지 못했답니다."

놀라웠다. 당시 여왕의 일정은 월요일부터 목요일까지 3박 4일이었다. 내가 보낸 편지를 읽었을 뿐만 아니라 실제로 일정을 검토했다는 것을 알 수 있었기 때문이다. 여왕은 짜인 일정에 따라 움직이는 상징적인 존재가 아니었다. 직접 일정을 검토했기에 내게 구체적인 답변을 할 수 있었을 것이다. 섭섭했던 마음이 싹 가시고 오히려 감동이 되었다.

내친 김에 여왕에게 물었다.

"서울마주협회의 명예회원이 되어 주시겠습니까?"

여왕이 검토해 보겠다고 짧게 대답했다. 그로부터 두 달쯤 뒤에 명예회원 위촉을 수락하겠다는 답장이 왔다. 영국 여왕이 다른 나라의 마주협회 회원이 된 것은 세계에 유례가 없는 일이다.

미국의 몬티 로버츠(Monty Roberts)라는 말 조련사가 있다. 그는 말과 사람 모두에게 고통스러웠던 기존 조련법에 혁명을 일으킨 사람이다.

그는 어릴 때 목장에서 아버지가 말들을 채찍질하며 혹독하게 조련시키는 것을 보며 자랐다. 아버지가 말들을 너무 가혹하게 다룬다고 여겼다. 하지만 아버지는 늘 그에게 이렇게 말해 주었다.

"말들을 왜 잔인하게 다루느냐고? 네가 몰라서 그래. 이런 식으로 다뤄야만 말이 네 말에 복종한단다. 말은 이렇게 길들여야 하는 거야."

10th June, 1999.

Dear Mr Ji,

The Queen has asked me to say how honoured she was to receive the offer of an honorary membership of the Seoul Racehorse Owners Association. I can confirm that she is delighted to accept. May I wish you, Mr. Chairman, and all the members of the Seoul Racehorse Owners Association my very best wishes.

Yours sincerely,

Tim Hitchens

TIM HITCHENS
Assistant Private Secretary

Mr. Sung-Han Ji, Chairman.

1999년, 엘리자베스 2세 여왕에게서 서울마주협회 명예회원 수락 서신을 받다

2000년, 주한 영국 대사관에서 찰스 험프리 대사에게
엘리자베스 2세 여왕의 서울마주협회 명예회원증을 전달하다

이 소식은 전 세계 마주협회에 알려졌고, 이로 인하여 서울마주협회 위상이 격상되어
1999년 일본에서 개최된 세계 10개국 선진경마 마주협회장 수뇌 회담에 처음으로 초청되다

1999년 세계 마주협회장 회담 마지막 날,
국빈급 접대를 해 오던 교토(京都) 쓰루(鶴) 영빈관에서 아내와 함께 환대를 받다

하지만 로버츠는 그런 식으로 길들이고 싶지 않았다. 말을 다치지 않게 하면서도 길들일 방법이 없을까 고민했다. 야생마 무리를 유심히 관찰해 보니 말들 사이에 나름의 질서가 있다는 것을 발견했다. 그들끼리 대화하며 소통하고 있었다. 마침내 말들의 속성을 이해하고 말의 대화법을 터득하게 되었다.

그의 새로운 조련법은 인간과 말 사이의 신뢰 구축에서부터 출발한다. 말에게 어떤 행동을 억지로 시키는 것이 아니라 말 스스로 경계를 풀고 순응할 수 있도록 참고 기다리는 것이 그의 비법이다.

그의 명성을 들은 영국 여왕이 그를 초청하여 길들여지지 않은 야생마의 조련 과정을 참관했다. 말 조련에 있어서 가장 까다로운 것이 바로 야생마의 입에 재갈을 물리고 등에 안장을 올리는 일이다. 그런데 로버츠는 몇십 분 동안 말과 시간을 보내더니 별 어려움 없이 혼자 재갈을 물리고 안장을 채웠다. 그 모습을 지켜본 여왕이 감동을 받아 눈물을 흘렸다. 그것이 얼마나 어려운 일인지를 잘 알기 때문이었다.

1996년에는 여왕의 권유로 자신의 말 조련법을 책으로 소개했다. 그의 책 〈말과 대화하는 사나이(The Man Who Listens to Horses)〉는 밀리언셀러가 되었고, 지금은 기업, 정부 조직, 교육기관 등에서 '조인-업(Join-up) 조련법'을 인간관계에 적용하는 강의를 하고 있다.

두바이(Dubai)는 중동의 금융중심지이자 세계 각 대륙과 나라를 연결하는 허브공항으로 유명하다. 두바이 하면 부르즈 할리파(Burj Khalifa)라는 이름의 초고층 건물을 떠올릴 것이다. 삼성이 시공사로 참여하여 3일에 1층씩 올리는 최단 공기(工期) 수행으로 세계의 주목을 끈 바가 있다.

이 공사를 추진했던 사람이 바로 셰이크 모하메드(Sheik Mohammed)이다. '셰이크'는 '왕자, 지도자'란 뜻으로 모하메

1997년, 프랑스 도빌 경마장에서 두바이 국왕 셰이크 모하메드와 만나다

드는 두바이의 국왕이다. 정확한 이름은 모하메드 빈 라시드 알 막툼(Mohammed bin Rashid Al Maktoum)인데, 그가 아직 왕자 신분이었던 1997년 8월에 프랑스 도빌(Deauville) 경마장에서 그를 만난 적이 있다. 당시 "말을 사랑한 왕자"로 불리곤 했는데, 지금도 세계 경마계에서 큰손으로 유명하다.

그는 두바이의 외교력 강화를 위해 유럽 고위층과 친분을 맺는 것이 중요하다고 여겨 1977년 영국의 마주가 되었다. 처음에는 귀족문화인 경마를 통해서 국제적인 인맥을 쌓는 것이 목

적이었지만 스포츠광 모하메드는 경마의 매력에 푹 빠졌다. 미국과 유럽에 대형 경주마 목장을 8개나 소유한 그는 매년 '두바이월드컵(Dubai World Cup)'을 개최하기도 한다. 현재 세계에서 가장 큰 상금이 걸린 대회이다. 세상 부러울 것이 없는 대부호가 사랑할 정도로 매력적인 스포츠가 바로 경마다.

"경마장은 개인의 책임을 훈련시키는 장"이라는 비유를 들은 적이 있다. 경마장을 찾아가는 것도, 경주마를 고르는 것도, 자기 주머니에서 돈을 꺼내 마권을 구입하는 것도 모두 자신의 선택인 만큼 그 결과에 대한 책임은 본인이 져야 한다는 뜻이다.

이따금 "경마장 때문에 패가망신(敗家亡身)했으니 폭파시켜 버리겠다"고 하는 전화가 걸려온다. 수백 명의 인원이 혹시라도 있을지 모를 폭발물을 찾아다니느라 난리가 난다. 일확천금(一攫千金)을 꿈꾸다가 자신을 통제하지 못하고 가산을 탕진했다면 그 책임을 누구한테 묻겠는가? 답은 분명하다. 당연히 본인의 책임이다. 진정한 자유는 자제(自制)라는 바탕 위에서만이 누릴 수 있다.

우리나라는 인당 베팅(betting)을 10만 원으로 제한하고 있다. 다른 나라의 경우, 상한선이 아예 없다. 제한에도 불구하고 실제로는 한 사람이 몇백만 원씩 베팅하곤 한다. 고액 베팅을 위해 창구를 여럿 사용해야 하니 그만큼 인력이 필요하고 운영비가 더 들게 된다.

눈 가리고 아웅 하는 비용치고는 너무 많이 든다. 차라리 고액 창구를 따로 만들어서 자유롭게 베팅하게 하는 편이 낫다. 그래야만 경마가 자기 책임의 문화로 자리 잡을 수 있을 것이다.

경마를 제대로 즐기려면 자제력이 있어야 한다. 자제력이 결여된 자유의지는 제멋대로일 뿐 민주주의를 이룰 수 없다. 모든 책임은 본인에게 있다. 민주주의 기본은 자유와 자제력에 있지 않은가. 자제력이 없으면 민주주의를 할 자격이 없다.

2014년 9월부터 대한민국 축구 국가대표팀을 맡은 울리 슈틸리케(Uli Stielike) 감독이 "한국 사람들은 경기할 때 이기는 것에만 열중하고 즐기는 법을 모른다"고 지적한 것처럼 스포츠에 승패만이 있는 것은 아니다. 경기 자체를 즐기는 성숙한 문화가 필요하다.

경마도 스포츠다. 얼마를 땄느냐 잃었느냐 하는 것보다 경마 자체를 즐기는 문화가 훨씬 값지다. 미국의 3대 경마 대회 중 하나인 켄터키 더비(Kentucky Derby)를 방문했을 때가 떠오른다. 경마장에 모인 수많은 관중이 〈마이 올드 켄터키

홈(My Old Kentucky Home)〉을 한목소리로 목청껏 불렀다. 그때
의 감동이 지금껏 내 귓전에 머물러 있다. 마치 축제를 즐기듯
한껏 차려입은 여성 관중의 모습은 여느 패션모델들보다 더 아
름답게 보였다. 특히 해마다 언론에서 더 베스트 햇츠(The Best
Hats)를 뽑을 정도로 화려한 모자 패션이 화제가 되곤 한다.

이 얼마나 멋스러운가. 경마를 한낱 도박으로 치부하기에
는 아쉬운 부분이 많다. 짜릿한 쾌감과 함께 멋스러움도 즐
길 수 있는 문화가 있는데 제대로 누려 보고 싶지 않은가.

운명은 스스로 빚어 가는 것이다

과거 세계 최빈국 그룹에 속했던 우리나라는 한동안 어느 분
야에서건 세계 1위에 오른다는 것은 그야말로 언감생심 꿈
도 꾸지 못했다. 그런데 1966년, 권투선수 김기수(金基洙)가
아마추어 시절 자신에게 유일한 1패를 안겨 주었던 주니어
미들급 챔피언 니노 벤베누티(Nino Benvenuti)를 누르고 처음
으로 복싱 세계 챔피언이 되어 국민 영웅이 되었다. 당시에
는 TV가 있는 집을 찾아보기 힘들었다. 그래서 많은 사람이

라디오 중계를 듣곤 했는데, 권투 경기가 있는 날에는 온 나라가 조용해졌던 것이 지금도 기억난다.

나는 김기수 선수가 국민에게 안겨 준 이 기쁨이 계속 이어지기를 바랐다. 그런데 그의 뒤를 이을 선수가 보이질 않았다. 당시 수도경비사령부 제5헌병 대대장으로 근무하던 나는 관련자들을 통해 권투 유망주를 찾았다. 어차피 우리나라 청년들은 병역제도상 가장 힘이 좋을 때 군에서 3년을 복무해야 했기에 유망주를 찾아 군에서 잘 먹이고 훈련시킬 요량이었다.

여럿에게 추천받은 선수가 유제두(柳濟斗)와 허버트 강(康春植)이었다. 나는 그들을 제5헌병 대대에 입대하게 하여 좋은 환경에서 충분한 영양 공급을 받으며 훈련할 수 있게 했다. 그들을 군인 정신으로 무장시키고, 체력 강화 훈련에 힘썼다.

이전에 KO패를 당한 이력이 있는 유제두 선수에게 어쩌다가 그랬는지 물었더니 시합 도중에 배가 너무 고파서 주저앉을 수밖에 없었다는 말을 들었다. 그래서 체력 증강을 위해 부대 특식이 있는 날에는 특별히 두 선수는 고기를 마음껏 먹게 했고, 사택에서 고기를 구워 먹는 날에는 그들을 집에 데려와 우리 아이들과 함께 식탁에 앉아 가족 같은 분위기에서 먹게 했다. 한번은 조선호텔이 처음으로 뷔페식당을 열었다는 소식을 듣고, 선수들과 관계자들을 데리고 가서 마음껏 먹게 했는데, 식당에서는 우리가 반갑지만은 않았을 것이다.

두 선수가 담력을 기를 수 있도록 공수부대에 의뢰해서 고공낙하 훈련을 포함한 극기 훈련을 받게 했다. 그곳에서 허버트 강은 낙오되는 동기생의 배낭과 무기를 대신 짊어지는 전우애를 보여 칭찬을 받기도 했다.

권투선수에게 필요한 것은 시합을 통해 실전 경험을 쌓는 것이다. 그러나 만일 이들의 경기 성적이 좋지 않으면, 군 사기에 도움이 되기는커녕 저하시킨다는 비난을 받아야 했을 것이다. 극비리에 인천 변두리에 있는 수영장에 링을 설치하고 시합을 시켜 보기도 했다. 결과는 기대했던 것보다 성공적이었다. 그때부터 장충체육관에서 열리는 대회에 출전시켰고, 그때마다 제5헌병대를 응원부대로 동원했다. 대성공이었다. 헌병대 전우들은 물론 TV로 중계되는 것을 본 일선 군인들까지 환호하기 시작했다.

계획대로 두 선수를 더 큰 무대에 세우고 싶었으나 문제가 생겼다. 아마추어 대회는 관계없지만, 프로 대회는 군 규정상 출전할 수 없었기 때문이다. 그러나 제5헌병 대대의 의지

와 이들의 승전보에 환호하며 사기충천하는 전군을 보니 국
방부도 더 이상 막을 도리가 없었다. 경기가 있을 때마다 아
들 상욱(尙昱)을 데리고 가 링 사이드에서 응원하고, 승리한
유제두 선수에게 꽃다발을 선물하게 하기도 했다.

　유제두와 허버트 강은 하나부터 열까지 달라도 너무 달랐
다. 허버트 강은 천부적으로 권투선수의 재능을 타고났다.
그런데 돌주먹, 끄떡없는 맷집, 잘생긴 얼굴, 멋을 아는 연기
력까지 갖춘, 흠잡을 데 없는 선수였음에도 정작 링 위에서

1971년 7월, 유제두 선수가 동양타이틀 주니어 미들급 챔피언이 되다
(왼쪽부터 노태우, 정영수, 저자, 유제두, 수경사 참모장)

는 기대에 못 미치는 성적을 내곤 했다. 그에 비해 체력 조건은 못 미치지만, 묵묵히 연습에 매진하던 유제두 선수는 언제나 팬들에게 기쁨을 선사해 주었다.

연전연승하는 유제두 선수의 은행 통장에는 대전료가 쌓여 갔다. 하루는 그에게 통장에 있는 돈을 어떻게 쓰고 싶으냐고 물었더니 고향인 전남 고흥에 땅을 조금 사 놓으면 좋겠다고 하여 중대장에게 명령하여 그를 데리고 고향에 내려가 땅을 사게 했다. 그렇게 차곡차곡 돈을 모은 유 선수는 체육관을 세웠고, 오늘날까지 훌륭하게 잘 운영하고 있다.

반면에 허버트 강은 천부적인 소질을 타고났음에도 불구하고 시합 때마다 활기 없는 모습을 보여 어찌 된 영문인지 조사시켰더니 뜻밖에 그는 하루도 여자 없이는 잘 수 없다고 실토했고, 이를 해결해 보려고 외출을 금지하는 등 여러 가지 제재를 가해 봤지만, 끝내 좋은 성적을 거두지 못했다. 결국 나태와 방탕으로 선수로서 슬픈 종말을 맞이해야만 했다. 그는 타고난 재능을 제대로 발휘하지 못한 채 전설의 주먹으로만 기억되고 있다. 들리는 바로는 술집의 기도(木戶)가 되어 근근이 살아가고 있다고 한다. 역시 운명은 자신이 만들어 가는 것이다.

1976년, 유제두 선수가 일본에서 와지마 코이치(輪島 功一)를 누르고 세계 챔피언이 되었을 때, 전국에 생중계되는 현장에서 아나운서가 소감을 묻자, 그는 "나의 오늘을 있게 해주신 지성한 대령님께 감사드린다"고 했다고 한다. 당시 감옥에 있던 나는 그 소식을 전해 듣고, 지난날의 수고가 헛되지 않았음에 감사했다.

성공은 죽음을 담보로 삼는다

나의 첫 거래처인 대한전선은 재계 20~30위권 안에 들 정도로 탄탄한 기업이었다. 창업주인 아버지 설경동(薛卿東) 회장에게서 기업을 물려받은 설원량(薛元亮) 회장은 그렇게 검소할 수가 없었다. 양복 한 벌도 기본적으로 10년 넘게 입고, 구두는 창갈이를 몇 번씩이나 해서 신곤 했다. 점심은 우동이나 비빔밥 정도로 간단하게 먹었다. 나보다 8살이 밑이었지만 굉장히 신중한 성격에 나보다도 어른스럽게 느껴질 때가 많았다. 그렇게 열심히 살았다.

어느 날 설 회장의 부인으로부터 급히 와 달라는 전화가

왔다. 남산 수영장에서 운동하다가 물에 빠졌다는 소식이었다. 급히 달려가 그를 건져 냈다. 몸이 퉁퉁 불어 있었다. 설회장의 부인과 정근모(鄭根謨) 박사와 비서실장 출신의 임사장과 내가 그 자리에 있었다. 소생할 방법이 없는지 의논했지만, 의사의 말로는 이미 의식이 없고, 산소 기능이 다 떨어져서 가망이 없다고 했다. 결국 그 밤을 못 넘기고 돌아가셨다.

나중에 보니 설원량 회장은 이미 유서를 준비해 두고 있었다. 평소에 조심성이 많고 준비를 철저히 하던 성품답게 매년 유서를 새로 써서 준비해 두곤 했다고 한다. 그래서 장례 후에 큰 잡음 없이 정리할 수 있었다.

대한전선은 설 회장이 경영하는 동안에는 한 해도 적자를 낸 적이 없었다. 언제나 흑자였다. 그는 일을 더 열심히 하기 위해서 건강한 몸을 만들겠다고 운동하다가 물에 빠져 운명했다. 왜? 지쳤기 때문이다. 힘에 부쳤던 것이다. 그래서 갑자기 세상을 떠나게 되었다.

설 회장의 죽음 이후 대한전선이 휘청거린다는 소식이 들려왔다. 탄탄했던 회사가 엉망이 되었다. 설 회장이 유서를 맡길 정도로 신임했던 임 사장이 공금을 몇백억이나 횡령하여 구속되었다. 누구를 믿을 수 있겠는가?

설원량 회장은 아버지로부터 물려받은 기업을 잘 유지하기 위해서 죽을 고생을 다했지만, 그 때문에 진짜로 죽음을 맞았다. 우리나라 기업인들은 죽기 살기로 열심히 일해 왔다. 그러다가 지쳐서 죽는 일이 있었다. 이처럼 성공은 죽음을 담보로 삼는다.

DNA가 다른 이창희도 죽을힘을 다했다

삼성가(家) 이병철(李秉喆) 회장의 차남 이창희(李昌熙) 씨는 삼성그룹에서 독립하여 독자적으로 새한미디어를 설립해서 성공적으로 경영했던 인물이다. 나와는 보성고등학교 동기 동창이라 가까이에서 그를 지켜볼 수 있었다. 그는 내가 아는 이들 중에서도 아주 독특한 경영 DNA를 가진 인물이었다.

아버지 이병철 회장이 회장직을 삼남 이건희(李健熙) 씨에게 물려주자 이창희 씨는 삼성그룹과는 전혀 관련 없는 일을 하겠다고 하여 마그네틱 미디어 사업을 시작했다가 일본에서 비디오테이프 기술을 배워 와 새한미디어 그룹을 설립했다. 그의 공장은 인천 주안에 있고, 우리 공장은 부평에 있어서 서로 자주 오가며 가깝게 지냈다.

아마도 아버지에게 자신의 사업가 기질과 능력을 증명해 보이고 싶었을 것이다. 그만큼 열심히 일했다. 또 내가 아는 한 그만큼 독창적인 아이디어로 사업하는 이도 없었다. 게다가 기억력이 뛰어나서 2~3년 전 매출 실적을 고스란히 기억하고 있으니 그룹의 사장들이 쩔쩔맬 정도였다. 그리고 늘 계산기를 옆에 두고 무엇이든 숫자로 환산해 내는 능력이 있었다.

법원 경매에서 20만 평짜리 충주 비료공장 부지를 사서 새 한미디어 공장을 세웠다. 밤낮을 가리지 않고 그렇게 열심히 일할 수가 없었다. 비서실에 늘 빵과 라면 등 먹을거리를 준비해 놓고 매일 밤 9~10시까지 야근을 했다. 어쩌다 그가 공장을 둘러볼 때 동행해 보면 따라다니는 내가 지칠 정도로 열심히 공장 구석구석을 샅샅이 살피곤 했다.

충주 공장을 지은 이야기는 특히 남다르다. 충주는 수석(水石)이 많은 곳이다. 시내로 들어가는 길 양쪽으로 수석을 파는 집들이 많다. 그만큼 충주 호반과 하천 변에 좋은 돌들이 많았던 것이다.

이창희 씨도 공장 근처 개울가에서 좋은 돌들을 찾아 다녀보기도 했다. 어느 날 나에게 충주 공장에 가서 하룻밤 자고 가라며 공사 현장을 보여 주고 싶다고 했다. 그런데 새벽에 지프차를 몰고 와서는 곤히 잠자고 있던 나를 깨워서 어디론가 데리고 갔다. 나는 세수도 못 한 채 차에 몸을 싣고 캄캄한 길을 달렸다. 그렇게 도착한 곳이 개울가였는데, 그 새벽에 여러 사람들이 횃불을 들고 일하고 있었다.

"여기 개울가에 조그만 돌들이 많아. 잠수부를 고용해서 개울 바닥을 살펴보게 했더니 기암괴석이 많다는 거야. 그래서 도청에 우리 공장을 지을 때 바닥에 깔 잡석이 필요하니 물속에서 잡석을 구해다가 쓰겠다고 신청을 해서 허가를 받았다네. 도청에서 허가도 받았겠다 괜찮은 것들을 건져 내고 있지."

거기서 건져 낸 기암괴석이 100여 개가 넘었다. 그때 동석한 유명 건축설계사인 공일곤(公日坤) 씨가 보고 깜짝 놀랄 정도였다. 수천만 원에 호가할 정도의 수석들이었던 것이다. 지금도 회사 정문에는 코끼리 모양의 괴석이 서 있다. 일본 관광객이 수안보 온천에 왔다가 그걸 보고 몇 억을 줄 테니 팔라고 했지만 결국 사양했다.

그동안 누구도 이런 생각을 해 본 적이 없었다. 강변에서 수석을 발견하는 것에 만족하지 않고 잠수부를 고용하여 물

충주 새한미디어 공장 입구에 세워진 코끼리 모양의 수석

속을 살펴 기암괴석을 찾아낼 생각을 누가 했겠는가? 그만큼 이창희 씨의 생각은 남달랐다. 또 그의 남다른 면이 돋보인 일이 있다. 한번은 공장 뒤편에 영빈관을 지어서 친구들에게 자랑하느라 초대를 했다. 새벽에 몇 사람을 데리고 나가 정원을 구경시켜 주는데 나무들이 기가 막히게 멋있었다.

"어디서 이렇게 멋진 나무를 구했나?"

친구들이 물어도 그는 웃기만 했다.

"어디 숨겨둔 농장이라도 있는 건가? 좀 알려주게. 우리도 사게."

끝내 대답은 않고 싱긋 웃기만 했다. 수행한 홍인화(洪仁和) 사장을 붙들고 물어볼 수밖에 없었다.

"홍 사장님, 저게 얼마짜리입니까? 대체 어디서 사 온 거예요?"

그가 들려준 이야기가 기가 막혔다.

"회장님이 어떤 분인데 거금을 주고 사셨겠습니까?"

충주 공장을 짓는 동안 이창희 씨는 인천에서 충주로 일주일에 한 번씩 왔다 갔다 해야 했다. 그때 지나는 길에 아주 멋진 나무가 있는 집을 발견한 것이다. 그래서 복덕방에 알아봐서 그 집을 급매로 구입했다. 나무는 떠다가 회사 정원에 심고, 집은 수리해서 되팔았다. 물론 나무 값은 별도로 계산하지 않았다. 그가 산 것은 집이었고, 나무는 집에 포함되어 있었으니 거저 얻은 셈이다. 그만큼 안목이 뛰어난 사람이었다.

마지막으로 그의 독특한 셈법이 나를 놀라게 한 일이 있다. 충주 공장 부지가 20만 평이니 공장 건물을 짓는 데에 들어가는 건축 자재가 만만치 않을 터였다. 건실한 건축업자가 저렴한 가격에 해 주겠다고 청했지만, 이창희 씨는 꿈쩍도 하지 않았다. 그는 애초에 공장 외벽을 모두 빨간 벽돌로 지을 생각을 하고 있었다. 건축업자에게 빨간 벽돌을 얼마에 사다 쓰느냐고 물었다. 시세보다 싼 가격을 제시해도 이창희 씨는 그것보다 더 낮은 가격을 원했다. 결국 건축업자는 공사를 포기했다.

이창희 씨는 이미 다른 생각을 품고 있었던 것이다. 그는 비서를 시켜서 대한민국에서 빨간 벽돌을 제일 잘 만드는 데를 찾아냈다. 그러고선 그 사장과 담판을 지은 것이다. 장마나 겨울에는 공사를 할 수 없기 때문에 벽돌의 수요가 없다. 그러니 공장을 돌릴 수가 없다.

그런데 이창희 씨가 비가 오나 눈이 오나 1년 내내 벽돌을 생산해 달라고 주문한 것이다. 벽돌을 전량 사들이는 대신 반값에 제공하는 조건이었다. 공장을 몇 달 동안 쉬느니 계속 일하는 편이 나았다. 그렇게 해서 벽돌공장과 새한미디어는 각각 원하는 것을 얻었다.

이창희 씨는 모든 자재를 자신이 직접 알아보고 구매함으로써 비용을 최대한 절감시켰다. 건축업자에게 모두 맡겨서 중간 수수료를 지불하고 싶지 않았기 때문이다. 신축 건물의 단열재는 공장 기계를 구입할 때 포장용으로 쓰인 스티로폼을 재활용했다. 사무실 바닥을 온통 화강암으로 깔았는데, 이것도 알고 보니 화강암 산을 통째로 사서 돌을 깎는 기계를 사고 석공을 고용해 직접 조달했던 것이다. 결국 거의 모든 자재를 실비로 구입할 수 있었다. 아마도 건축업자에게 맡겼을 때보다 반값 이하의 비용이 들었을 것이다.

하루는 점심이나 하자고 해서 인천 공장에 내려갔더니 식당과 사무실을 새로 만들었다면서 구경시켜 주었다. 빨간 장미목으로 실내를 장식하고, 가구도 온통 고급 장미목으로 꾸며 놓았다. 식당에는 추사 김정희(秋史 金正喜)의 글씨가 담긴 액자가 걸려 있었다. 벽은 노란색으로 곱게 매질이 되어 있었다.

식사하면서 그에게 물었다.

"이 회장, 식당에 추사의 글씨를 걸어 놓다니. 가격이 꽤 나갈 텐데 말이야. 대체 얼만가?"

"아마 가격이 좀 나갈 거야. 그건 그렇고, 자네 저 노란색이 뭔지 아나?"

"저게 뭔가? 금색이구먼."

"맞아. 금이야. 순금. 금박을 입힌 거라네. 색이 영원히 변하지 않아. 어때, 잘했지?"

내가 눈을 동그랗게 뜨고 그를 쳐다봤다. 당시 대기업의 노조 농성으로 사회가 시끄러울 때였다. 식사를 마치고 사무실에서 그와 단둘이 이야기를 할 때 물었다.

"이 회장, 그렇게 돈을 아끼던 자네가 왜 사무실이나 식당에는 그렇게 돈을 들인 건가? 금테까지 두르다니 말이야. 그러다 노조가 일어나면 어떡하려고 그래? 차라리 그 돈을 근로자 복지에 쓰는 게 낫지 않은가? 왜 식당이랑 자네 사무실을 화려하게 만드나? 자네가 염려되어 하는 말일세."

"이봐, 지 회장! 내가 언제 광고비 쓰는 것 본 적 있나?"

당시 새한미디어는 선경미디어와 경쟁 구도에 있었다. 선경미디어는 TV나 신문에 광고를 많이 하고, 옥외 광고도 많이 하는 편이었다. 하지만 새한미디어는 국내 광고는 일절 하지 않았다.

"지 회장, 나는 말이야. 만든 걸 몽땅 다 수출하고 있다네. 파리 에펠탑 앞에 〈새한미디어〉라는 큰 입간판을 세우긴 했지만, 그건 해외 사업을 위해서 한 것이고. 나는 제품의 품질로 인정받으려고 노력하고 있다네.

그러나 외국 바이어들이 왔을 때 우리 공장이 초라해 보이면 안 되지 않겠나. 가격을 흥정할 때 우리가 기죽지 않고 우위에 서기 위해서 일부러 이렇게 꾸며 놓은 거야. 사치를 누리려는 게 아니라 장사를 하기 위해서 투자한 거란 말일세.

내게는 이게 광고라네. 결국 난 다른 회사가 쓰는 광고비의 10분의 1도, 20분의 1도, 쓰지 않은 셈이야."

치밀한 계산 하에 일부러 고급스럽게 꾸며 놓은 것이었다. 말하기 좋아하는 사람들은 그가 화려한 사무실과 식당을 꾸몄다고 수군댈 수도 있었지만, 그것은 오해에 불과했던 것이다.

한동안 이창희 씨가 보이지 않던 때가 있었다. 안부를 물으니 해외에서 머물고 있다고 해서 사업차 장기 출장을 갔나 보다 했다. 한참 후에 드디어 모습을 나타냈는데 손과 팔에 화상 자국이 있었다. 알고 보니 그동안 해외 출장을 다녀온 것이 아니라 병원에 입원해 있었다고 했다. 자초지종을 들으니 기가 막혔다. 어느 날 공장 쓰레기장 하차장에 폐기물과 재활용품이 구분 없이 뒤섞여 쌓여 있는 것을 본 이창희 씨는 당장 웃옷을 벗고 더미 위에 올라 재활용품을 분류하기 시작했다. 그러다가 폐기된 가스통이 폭발하는 바람에 화상을 입었던 것이다. 명색이 회사 대표에 삼성 일가인데 쓰레기통을 뒤지다가 화상을 입었다는 얘기가 돌면 창피할 것 같아서 숨겼다고 한다.

그를 보면 돈이 돈을 번다는 편한 소리를 할 수가 없다. 그는 죽을힘을 다해 사업을 했던 것이다. 그러다가 결국 1991년에 백혈병으로 세상을 떠났다. 아들이 아버지의 장사를 지내면서 아버지가 평생 가지고 다니던 계산기를 관에 넣어 드렸다고 했다.

이창희 씨는 삼성그룹에서는 차기 회장으로 지명받지 못했지만 스스로 개척하여 새한미디어를 창립 10년 만에 100대 재벌에 진입될 정도로 큰 성과를 거두었다. 그러나 그가 죽고 나니 10년 만에 부도가 나고 말았다. 지금도 충주 공장에 가면 코끼리 모양의 기암괴석이 그대로 서 있다. 하지만 다른 것들은 모두 엉망진창이 되어 있다.

죽을힘을 다해 달려서 죽음에 이르는 것, 이것이 사업이고 이것이 인생이다.

과연 사람을 믿어야 할까

고려합섬 본사가 인사동 부근으로 이전했다. 극동정유 주광조(朱光朝) 부회장이 고려합섬 장치혁(張致赫) 회장에게 사업 제안을 했다.

"본사를 이전하셨으니 가까운 저희 주유소와 주유 계약을 맺으시면 어떻겠습니까?"

계약이 성사되었다. 그로부터 몇 개월이 지난 뒤 주 부회장이 장 회장에게 선물이라면서 대학노트 한 권을 내밀었다.

"그동안 저희 회사와 거래해 주신 보답으로 작은 선물을 드립니다. 회사마다 주유 관련해서 잡음이 많습니다. 이 자료를 보고 참고하시어 바로잡을 것이 있다면 조치하십시오."

그것은 거래 첫날부터 그날까지 직원들의 주유 기록이 꼼꼼하게 기록된 장부였다. 회사에서 발행해 준 전표대로 급유를 받았는지 아니면 일부를 빼돌려 돈으로 받아 갔는지 모두 상세하게 기록되어 있었다.

장부를 펼친 장 회장의 얼굴빛이 변하자 부인이 빼앗다시피 가져가 훑어보았다. 부인의 눈시울이 붉어졌다. 거의 모든 차량이 전표대로 급유하지 않고 있었던 것이다. 오랫동안 가족처럼 지내 온 운전기사마저도 예외가 아니었다. 장 회장 부부는 적잖은 충격을 받았다.

먹고사는 데 급급하여 성실과 정직이란 훈련을 제대로 받은 적이 없었던 탓이다. 그러나 이것을 개인의 성품 탓으로 돌릴 수는 없다. 같은 문제가 재발하는 것을 막으려면 경영의 체계를 세워야 한다.

2005년 말 발표된 골드만삭스(Goldman Sachs) 보고서에 의하면 2050년에는 한국이 세계 제2위 경제 대국이 될 것이라고 한다. 2010년 영국의 시사주간지 이코노미스트는 2050년에 한국의 1인당 국내총생산이, 미국을 100으로 기준했을 때 한국이 105로 세계 최고가 될 것이며, 그 뒤를 미국, 독일, 프랑스, 러시아, 영국, 이탈리아, 일본, 중국, 브라질, 태국, 인도, 인도네시아 순으로 뒤따를 것으로 예측했다.

과연 그럴 수 있을까 하는 의문이 들지만, 이를 입증할 한국인의 뛰어난 능력을 찾아볼 수 있는 한 예가 있다. 베스트셀러가 된 《스위치(SWITCH)》라는 책은 2010년 초 미국에서 출간된 지 불과 3~4개월 후에 한국에서 번역 출판되었고, 2021년 말 현재 48쇄가 발행되었다.

이에 비해 일본에서는 3년 4개월이 지난 뒤에야 번역 출간되어 팔리고 있다. 한국인의 세계화를 향한 역동성이 얼마나 대단한지를 실감케 한다. 나는 이러한 한국인의 가능성을 피부로 느끼면서 우리나라의 앞날을 밝게 내다보고 있다.

그러나 가능성을 현실화하기 위해서는 개인의 성실과 정직에 의존하는 오늘날의 경영 관리 체제에서 과학적인 경영 시스템(system)을 구축하는 방향으로 나아가야 한국이 세계 1위 자리에 당당하게 설 수 있을 것이다.

3부

누릴 줄 아는 자는

늘 청춘이다

시 한 편이
마음에 들어와

시 한 편에 매료되다

1986년이었던 것으로 기억한다. 어느 세미나에서 한 일본인 사업가가 발표가 끝날 무렵 당시 도쿄에서 어떤 모임이 산불처럼 번져 가고 있다고 소개해 주었다. 〈청춘(靑春)〉이란 시에 매료된 사람들이 모인 '청춘회'라고 했다. 그가 눈을 감고 시를 읊었다.

듣는 동안 시가 내 마음속으로 쑤욱 들어왔다. 급히 몇 줄을 받아 적었지만, 시인의 이름은 미처 듣지 못했다. 세미나가 끝난 뒤 그에게 시에 대해서 더 물어보고 싶었으나, 그는 비행기 시간에 쫓겨 황급히 강연장을 빠져나간 뒤였다. 그 후로 한동안 만나는 사람마다 〈청춘〉이란 시를 아느냐고 물었지만 아는 사람이 없었다.

그러다가 드디어 실마리를 찾았다. 김용원(金容元) 씨가 실타래를 풀어 주었다. 그는 조선일보 편집국장을 지냈던 인물로 당시에 대우전자 사장직에 있었고, 나는 대우전자에 납품하는 300~400개 업체를 대표하는 협력업체 회장을 맡고 있었다. 점심 식사를 하다가 좋은 시를 들었는데 도무지 찾을 수가 없다고 기억나는 몇 줄을 들려주었다. 그랬더니 그가 단번에 "아, 사무엘 울만(Samuel Ullman)의 〈청춘〉을 말씀하시는군요" 하고 환하게 웃었다.

"시의 전문(全文)을 구할 수 있겠습니까?"

"그럼요. 팩스로 보내드리겠습니다."

청춘이란

두려움을 이기는 용기와 안이함을 뿌리치는 모험심,

그리고 탁월한 정신력을 뜻한다.

때로는 60세 노인이 20세 청년보다 더 청춘일 수 있다.

세월이 흐른다고 사람이 늙는 것이 아니라

이상을 잃어버릴 때 비로소 늙는 것이다.

Youth means a temperamental predominance of courage
over timidity of the appetite, for adventure over love of ease.
This often exists in a man of sixty more than a boy of twenty.
Nobody grows old merely by a number of years.
We grow old by deserting our ideals.

알고 보니 사무엘 울만은 전업 시인이 아니라 시를 쓰는 사업가였다. 독일에서 태어난 유태인 울만은 열한 살 때 가족과 함께 미국으로 이민했다. 그에게 삶은 녹록지 않았다. 정규교육은 열여섯 살 때 1년 반 정도 받은 것이 전부였고, 남북전쟁에 참전했다가 부상으로 왼쪽 귀의 청력을 잃었다. 그러나 정육점 직원을 거쳐 철공소부터 사업을 시작하여 철물회사 사장이 된 그는 시의회 의원, 시교육위원 등을 역임하면서 저소득층 어린이를 위한 울만 스쿨을 세우는 등 지역사회에 많은 공헌을 했다. 일흔 살 무렵에 인생을 반추하며 쓴 시가 40여 편 되는데 그중에 〈청춘〉이 들어있다.

〈청춘〉이 처음부터 유명했던 것은 아니다. 제2차 세계대전 중에 미국의 맥아더(Douglas MacArthur) 장군이 일본군에 쫓겨 호주로 퇴각했다. 실의에 빠진 장군에게 친구가 위로의 편지와 함께 작자 미상의 〈젊게 사는 법(How to stay young)〉이란 시를 한 편 선물했다. 바로 사무엘 울만의 〈청춘〉이었다. 맥아더 장군은 조지 워싱턴 대통령과 링컨 대통령의 초상화 사이에 이 시를 넣은 액자를 걸어 두고 즐겨 읽곤 했다.

1945년 일본 도쿄에 진주하게 된 맥아더 장군은 사무실 벽에 애송시 액자를 걸었다. 그의 애송시가 어느 종군기자에 의해 기사화되었고, 기사를 읽은 울만의 후손들에 의해 비로소 원작자가 세상에 알려지게 되었다. 이 이야기는 1946년 1월 리더스다이제스트 일본어판에 실렸고, 많은 일본 기업가들이 시를 읽었다.

이름 없는 모임을 시작하다

일본 경영의 신으로 불리는 마쓰시타 고노스케(松下幸之助)는 파나소닉(panasonic)의 전신(前身)인 마쓰시타 전기회사의 창업주이기도 하다. 1960년대 중반 일흔 살이 된 그는 정신적으로나 육체적으로 매우 지쳐 있었고 사업을 하기엔 너무 늙은 것이 아닌가 하고 두려워했다. 그때 〈청춘〉을 발견한 마쓰시타는 이 시를 인생의 좌우명으로 삼고 사업 확장에 힘을 내었다. 그리고 손수 시를 베껴 지인들에게 나누어 주었다고 한다.

나도 〈청춘〉을 통해 격려와 힘을 얻곤 한다. 아마도 사무엘 울만이 사업을 하면서 느꼈던 인생철학이 시에 잘 배어 있기 때문이 아닐까 싶다. 같은 사업가로서 그의 시에 강한 공감(共感)을 느꼈다. 틈만 나면 지인들에게 시를 나눠 주며 나와 같은 공감을 느끼는 친구들을 만나기를 바랐다. 그러나 대부분 고맙다는 인사가 전부였다. 네 사람만 빼고…. 임인수(林仁秀), 박정기(朴正基), 김용원(金容元) 그리고 류선우(柳善佑)가 그들이다.

내게 시 전문을 알려준 김용원 씨를 제외한 나머지 세 사람은 시를 처음 읽고 피가 끓는 듯 심장이 뜨거워졌다며 감격해 했다. 드디어 나처럼 시에 공감한 이들을 찾아낸 것이다. 다 같이 한자리에 모이기로 했다. 마음이 통하는 사람들과 좋은 것을 나눌 때 느끼는 행복감이 있다. 주름진 서로의 얼굴에서 청춘으로 반짝이는 눈동자를 발견한 우리는 내친김에 한 달에 한 번씩 정기적으로 만나기로 했다. 돈 얘기나 정치 얘기는 너무 식상했다. 그 대신 한 달 동안 살면서 느꼈

던 것을 서로 나누기로 했다. 기쁜 일이든 슬픈 일이든 상관
없다. 책이든 음악이든 우리의 감성을 일깨워 주는 것은 무
엇이든 서로 권해 주기로 했다.

"우리 모임의 이름은?"

〈청춘〉 시로 모이긴 했지만 '청춘'이 들어간 이름을 짓고
싶지는 않았다. 일본 '청춘회'의 아류(亞流)가 될 생각이 없
었다. 그래서 '이름 없는 모임'이 되기로 했다. 근사한 이름
이 없어도 우리 모임은 생기가 넘쳤고, 모이기만 하면 밤을
새워 가며 이야기를 나누었다. 물론 약속한 대로 돈 애기나
정치 애기는 일절 하지 않았다. 30여 년이 흐르는 사이에 임
인수, 류선우 두 분이 고인이 되었다. 나와 김용원, 박정기
세 사람이 남아 이따금 만나 이야기꽃을 피우곤 한다.

청춘의 무게는 얼마나 될까

불로장생(不老長生)을 바라지 않는 사람이 어디 있을까. 나
이가 들면 들수록 젊음을 더욱 동경하게 마련이다. 요즘은
의학이 상당한 수준으로 발달해서 육체의 노화를 최대한 지

연시킬 뿐만 아니라 심지어 회춘(回春)까지 가능하게 해 준다고 한다.

그러나 육신이 다시 젊어진다고 해서 행복할까? 마음의 여유가 없고 영혼이 자유롭지 않으면 젊음은 쇳덩이처럼 무겁게 느껴질 것이다. 왜냐면 피 끓는 열정, 아직 이루지 못한 꿈을 향한 도전, 솟구치는 호기심, 경이로움에 대한 감탄이야말로 진정한 젊음이요 청춘이기 때문이다. 청춘에는 미완(未完) 그대로를 즐길 줄 아는 느슨한 긍정 마인드가 있어야 하고, 동시에 손에 닿을 듯 닿지 않는 것을 잡기 위해 근성을 발휘하는 마음의 근력이 있어야 한다.

여유가 없으면 청춘을 감당할 수 없다. 20대가 청춘을 힘겨워하는 이유가 여기에 있다. 여유는 몸이 아닌 마음과 영혼에 깃든다. 마음과 영혼이 주름지지 않았다면 청춘을 감당할 힘을 낼 수 있다. 그러니 진정한 회춘을 바란다면 마음속에 여유라는 빈 공간을 먼저 만들 일이다.

책쟁이 임인수, 체육인 박정기, 문화인 김용원, 사대부 류선우 등 이름 없는 모임의 벗들을 통해서 진정한 청춘이란 어떤 것인지를 배웠다. 그들 삶에는 사무엘 울만이 노래했던 시 구절이 살아 움직이고 있었다. 덕분에 청춘의 무게가 그들을 짓누르는 법이 없었다.

세월은 피부에 주름을 새기지만
열정으로 채워진 마음을 시들게 하지는 못합니다.
근심, 두려움, 자신감의 상실 등이
우리의 기백을 죽이고 마음을 시들게 하는 것입니다.

Years may wrinkle the skin, but to give up enthusiasm
wrinkles the soul. Worry, fear, self-distrust bows the heart
and turns the spirit to the dust.

2장 。　거리를 배회하고
　　　　새벽을 달리니, 청춘

명동 거리를 배회하며 시대의 흐름을 읽은, 책쟁이 임인수

임인수 씨는 나와 동갑으로 늘 머리가 덥수룩해서 별명이 베토벤이었다. 음악을 좋아해서 기타를 가지고 다니곤 했다. 음악과 문학에 조예가 깊은, 한마디로 예술가적인 인물이었다. 그런 그가 돈을 버는 데도 귀재였다.

출판계에서 일하다가 1963년 한림출판사를 창립한 그는 처음부터 해외 시장을 염두에 두고 시작했다. 그런데 5·16 군사정변으로 하루아침에 대통령이 된 박정희 장군에 대해 사람들이 몹시 궁금해한다는 것을 알았다. 그는 사람들의 필요를 간파하고 박정희 대통령의 전기, 어록, 연설문 등을 기획했다. 당시 대통령의 수행기자였던 김종신 씨에게 글을 의뢰해서 《영시(零時)의 횃불》, 《박정희 따라 7년》 등을 내놓았다. 국민들은 대통령에 대해서 궁금해했고, 여당에서는 국민들에게 대통령을 좋은 이미지로 알려야 했다. 시대의 흐름을 잘 본 것이다. 덕분에 어렵지 않게 자리를 잡을 수 있었다.

또 서울에 아파트가 지어지기 시작하면서 거실이란 공간이 생겼고, 책장은 훌륭한 장식장 역할을 했다. 이런 이유로 〈브리태니커백과사전(Encyclopaedia Britannica)〉이 불티나게 팔릴 때, 전집(全集) 기획에 눈을 떠서 〈세계 대통령 전집〉을 시작으로 위인, 과학자, 명작 등의 시리즈를 기획했다. 사람들은 백과사전 대신에 전집을 꽂고 만족스러워했다. 그뿐만 아니라 요리, 편물, 공예, 꽃꽂이 등의 실용서 전집을 내고 교육을 병행함으로써 여성문화센터의 붐을 일으키기도 했다.

그가 출판사를 창립한 지 3년쯤 지났을 무렵 사무실에 놀러 갔더니 한국 문화를 소개하는 영문 책자들이 쌓여 있었다.

"아니, 이런 책이 얼마나 팔린다고 이렇게 애를 쓰나?"

"우리나라를 부지런히 알려야지. 해외 도서관과 대학 도서관마다 한두 권씩만 넣어도 그게 얼마요? 세계 각국에 다 보내는 게 내 꿈이오. 그것만 해도 밑지는 사업은 아니지."

1966년 당시 UN군 총사령관을 비롯한 미국 저명인사들이 한국에 관해서 쓴 에세이를 모은 《필 오브 코리아(The Feel of Korea)》라는 책이었다. 국내 출판사가 한국을 해외에 알린 첫 번째 책이라고 할 수 있다.

그가 타계한 이후에는 아들이 대를 이어 계속하고 있다. 대개 경영 2세대는 고전을 면치 못하곤 하는데 임인수 씨의 아들, 임상백(林相伯) 대표는 매우 성공적으로 잘 운영하고 있다. 창업주의 뜻을 이어받아 한국 문화를 세계에 알리는 일을 꾸준히 하고 있는데, 전통 음식, 전통 가구, 전통 악기 등 건드리지 않은 분야가 없을 정도로 문화 전반에 걸쳐 세세하게 기획하니 시리즈가 끊이지 않고 계속되고 있다.

임상백 대표에게 들으니 2018년에 창립 55주년을 맞아 "책과 함께"라는 캐치프레이즈와 함께 새로운 50년을 준비하며 좋은 책을 꾸준히 출판하고 있다고 한다. 대단한 끈기다. 꿈과 열정이 없다면, 출판 100년이란 결코 넘보지 못할 숫자일 것이다.

도대체 임인수, 이 사람은 아이디어를 어디서 얻는가 궁금해서 지켜본 적이 있다. 사람들과 시끌벅적 어울려 다니며 얻은 아이디어가 아니었다. 일견 고독해 보일 정도로 홀로 보내는 시간이 많았다. 생전에 연희동에 살았는데 비가 오나 눈이 오나 여름이나 겨울이나 상관없이 시시때때로 혼자 뒷산에 오르길 좋아했다. 그렇다고 약수터를 가거나 산 정상에 오르는 것도 아니었다. 발길 닿는 대로 걷고 싶은 만큼 걸으며 생각에 잠기는 걸 좋아했다. 평소에도 뭘 해야 한다는 강박 관념 없이 자유롭게 사는 편이었다. 그는 느리게 어슬렁거리며 걸으며 사색하는 것을 좋아했고, 사색이야말로 힘의 원천이었다.

한번은 그가 이름 없는 모임을 명동 한복판에서 갖자고 제안하여 한일관에서 식사하기로 했다. 식사를 마친 다섯 부부 열 명이 거리로 나왔다.

"덕분에 명동 나들이를 하네요. 그런데 왜 이 복잡한 곳에서 만나자고 한 겁니까?"

"나는 여길 자주 옵니다. 명동 거리를 한 바퀴 돌아보세요. 그냥 걷지 말고 오가는 사람들 구경을 해보시란 말입니다. 다니다 보면 유행을 감지할 수 있지요. 여자들의 치마 길이가 짧아지는가 싶더니 다시 길어지고, 하이힐을 신는가 했더니 부츠를 신는단 말입니다. 자주 오다 보니 흐름이 자연스럽게 눈에 들어옵니다.

이 자리에 화장품 가게가 있었는데, 구둣방으로 바뀌더니 어느새 양복점으로 바뀌더군요. 상점이 바뀔 때마다 간판은 물론 내부 장식도 달라집니다. 공사하는 방법도 시간에 따라 달라지던데요. 옛날에는 파이프를 모두 벽 속에 집어넣고 도배지로 덮어 버렸는데, 요즘은 파이프가 모두 바깥에 나와 있어요. 색을 잘 입히면 오히려 더 근사해 보입니다. 고장 났을 때 고치기도 더 쉽겠지요.

다니면서 구경 한번 해보시라고 일부러 이리로 모셨습니다. 아마 모든 게 새롭게 보이실 겁니다."

그날 나는 그동안 보지 못했던 나무를 처음 봤다. 명동 거리에 가로수가 있는지 없는지조차 몰랐던 것이다. 가로등이 비추는 나무가 그렇게 멋있을 수가 없었다. 거리를 걷다가 다리가 아프면 노천카페에 둘러앉아서 커피를 마시며 얘기를 나눴다. 그렇게 긴 시간 동안 명동 길거리를 다녀본 것이 10여 년만이었다. 그로부터 20여 년이 흘렀다. 그날 이후 지금까지 명동 거리를 걸어본 적이 없다.

임인수 씨는 이후에도 복잡한 명동 거리에서 사색을 즐기곤 했다. 느릿한 사색을 즐기지만 시대의 흐름을 읽는 데는 누구보다도 빨랐고 문화에 대한 열정도 남달랐다. 종로에 예술영화 전용관 코아아트홀을 짓더니 복합상영관 시네코아를 지었다.

우리가 처음 만났을 때, 임인수 씨는 거의 무일푼에 가까웠다. 그런데 불과 몇십 년 만에 사업에 성공했을 뿐만 아니라 암으로 세상을 떠나기 전까지 시대를 앞서 가는 행보를 계속했다는 것이 놀라울 따름이다. 게다가 그 아들이 아버지를 뒤이어 내실 있게 잘 운영하는 것을 보니 뿌듯하기 그지없다.

겉으로 화려하게 보이지만 실속이 없는 사람, 그런 사업이 얼마나 많은가. 유행을 좇아 바삐 움직여도 실속이 없기는 마찬가지다. 오히려 임인수 씨처럼 느릿하게 사색하며 세상의 변화를 읽고, 자신이 할 수 있는 것에 투자하고 배짱 있게 추진하는 사람이 성공한다. 그에게 생각할 여유가 없었다면 이 모든 것이 가능했겠는가?

꾸준함과 신심으로 잠실운동장 트랙을 돌았던, 비체육인 박정기

박정기 씨는 육사 14기로 윤필용 전 수도경비사령관의 비서실장을 지낸 군 엘리트다. 군인으로서의 자부심이 강한 인물인데 윤필용 장군 사건으로 아깝게 눈물을 머금고 군복을 벗어야 했다. 그러나 후에 그를 눈여겨봤던 전두환 대통령에 의해 한국전력공사 사장이 되었다.

그가 한국전력공사 사장으로 재직하던 당시에 정부는 국영 기업체 산하 병원들의 적자를 해소하기 위해 해당 병원을 모두 폐쇄하고, 서울대학병원이나 삼성의료원 같은 종합병원에 의뢰하여 치료받도록 조치하고자 했다. 한국전력공사 산하 한전의료재단에서 운영하는 한일병원도 예외일 수 없었다. 박정기 사장은 당시 경제 부총리였던 신병현(申秉鉉) 씨에게 보고할 기회를 달라고 강력히 요청한 끝에 마련된 자리에서 이렇게 보고했다.

"한일병원을 이용하는 환자들은 대부분 감전 사고에 의한 특수 환자들인데다가 한전 직원을 위한 의료 복지 혜택을 받는 가족들입니다. 그러니 직원들의 사기를 고려해서 유예 기간을 주신다면, 1년 안에 병원의 적자를 흑자로 돌려놓겠습

니다. 만일 이를 성공시키지 못한다면, 제가 사장직을 내려
놓겠습니다."

박 사장의 결의에 찬 건의로 1년을 유예받을 수 있었다.
그가 제일 먼저 한 일은 의사가 병원장을 맡아 오던 오랜 관
행을 깨고, 한국전력공사 임원 중에서 제일 유능한 관리직
임원을 병원장으로 발탁한 것이다. 그 같은 과감한 개혁 덕
분에 한일병원의 적자를 흑자로 전환하는 데 성공했고, 이것
은 개혁 경영의 좋은 본보기가 되었다.

86아시안게임 준비가 한창이던 1985년에 전두환 대통령
이 그를 불러서 대한육상경기연맹 회장직을 맡아 보라고 했
다. 육군사관학교 재학 시절에 럭비는 해봤으나 육상 종목에
는 문외한이었던 그는 스스로 적임자가 아니라며 사양했다.
그러나 대통령의 명을 끝까지 마다할 수는 없었다.

육상경기는 기록경기다. 기록은 단시간에 정복되지 않는
다. 단거리든 장거리든 당시 우리나라의 육상 기록은 세계
기록과는 한참 멀었다. 대회 개최국이지만 육상 종목에서만
큼은 장재근(張在根) 선수 한 명 외에는 메달을 기대할 수 없
는 상황이었다.

대한육상경기연맹을 맡은 박정기 씨는 마라톤을 전략 종

목으로 삼았다. 일본이 마라톤에 두각을 나타내며 대회마다 우승할 때였다. 신체 조건이 비슷한 우리 선수가 우승할 가능성이 있는 종목인 것이다. 일본인이 하는데 한국인이 하지 못할 이유가 없지 않은가.

86아시안게임까지 1년 정도밖에 남지 않은 상황에서 박정기 씨는 일본인 코치를 영입하여 우리 선수들을 훈련시킬 것을 연맹에 제안했다. 그러나 예산 부족을 이유로 안건이 부결되었다. 결국 자신의 사비를 털어 일본인 코치를 초청했다. 그에게서 우승 비결을 알아내고자 했으나 대화해 보니 훈련 내용은 우리나라와 별다른 게 없어 보였다.

그런데 그 차이는 뜻하지 않은 곳에서 드러났다. 훈련 현장에서 우리나라 코치와 일본인 코치가 큰 차이를 보인 것이다. 우리나라 코치들이 자전거나 자동차를 타고 선수의 뒤를 쫓으며 기록을 체크한 반면 일본인 코치는 선수가 신고 달릴 운동화와 똑같은 것을 구해서 자기도 신고 선수가 달릴 코스를 먼저 돌아보며 몸으로 체험했다. 코스의 형태가 어떠한지 달릴 때 시야가 어떻게 달라지는지 바람의 영향은 어느 정도인지를 직접 느껴 봤다. 이것이 바로 차이였다.

당시 한국 마라톤의 기대주였던 김재룡(金在龍), 김완기

(金完基) 선수가 일본인 코치에게서 훈련을 받았고, 우리나라 코치들도 일본의 과학적인 훈련 스케줄을 배우게 했다. 그때 배출된 사람이 바로 1992년 바르셀로나 올림픽에서 우승한 마라토너 황영조(黃永祚)를 키운 정봉수(鄭奉守) 감독이다.

1년여 준비 끝에 아시안게임을 치렀다. 육상 종목에서만 금메달이 7개나 나왔다. 당시 200m 장재근 선수 외에는 확실한 금메달감이 없었는데 기적이 일어난 것이다. 86아시안게임 하면 '라면 소녀' 임춘애(林春愛) 선수가 가장 먼저 떠오를 것이다. 800m, 1500m, 3000m 3관왕이 된 임 선수야말로 기적 그 자체였다. 주 종목이 아닌 800m에서 인도의 쿠리신칼 아브라함 선수가 2초 빨리 결승선을 통과했으나 코스 이탈로 실격 처리되자 임 선수에게 금메달이 돌아갔다. 주 종목인 1500m 결승에서는 우승 후보였던 중국의 양유하(梁柳霞) 선수를 극적으로 제치고 결승선을 1등으로 통과했다. 다음날 3000m 결승에서도 1위를 해 3관왕이라는 기적을 일구었다.

박정기 씨를 보면 기적은 행운이 아니라 실력이라는 생각이 든다. 보이지 않는 곳에서 간절함으로 준비한 사람임을 알기 때문이다. 그는 과묵하고 매우 신중한 사람이다. 일을 맡으면 기도하는 마음으로 최선을 다한다. 경기연맹 회장이 된 이후 거의 매일 새벽 잠실운동장을 들렀다고 한다. 감당할 자신이 없기 때문에 출근하기 전에 트랙을 돌며 남몰래 기도라도 해야 했다. 결국 지성(至誠)으로 감천(感天)을 이루었다.

그는 고백한다.

"기도는 위대합니다."

1985년부터 1996년까지 12년간 대한육상경기연맹을 맡아 한국 육상의 중흥기를 이끌었고, 1991년부터 국제육상경기연맹(IAAF, 이하 IAAF) 집행 이사가 됐다. 4년 임기를 지금까지 여섯 차례 연임하여 자그마치 24년간 IAAF 이사로 활동하고 있다.

국제올림픽위원회(IOC)도 무시하지 못하는 두 단체가 있다. 월드컵을 주최하는 국제축구연맹(FIFA)과 세계육상선수권대회를 주최하는 IAAF이다. 육상은 축구와 더불어 올림픽에서 가장 많은 관중을 동원하는 종목이다. 또한 1896년 제1회 아테네올림픽부터 정식 종목으로 채택되어 올림픽에서 단 한 차례도 빠진 적이 없다. 게다가 세계육상선수권대회는

1983년 핀란드 헬싱키에서 처음 개최된 이후 올림픽, 월드
컵과 함께 세계 3대 스포츠대회로 떠올랐다.

2007년 우리나라가 2011대구세계육상선수권대회를 유치
했다. 당시 박정기 씨는 212개 회원국을 거느린 IAAF 집행
이사회 28인 중 한 명이었다. 한국의 지방 도시 대구가 유력
한 후보지였던 러시아 모스크바를 물리치고 압도적인 표차
로 선정된 데에는 숨은 이유가 있다. 한국을 선택한 이유로
박정기라는 사람을 꼽은 이사들이 많았다고 한다. 한 사람의
꾸준한 노력이 열매를 맺은 것이다. IAAF에서 박정기 씨의
별명이 '로키(Rocky) 박'이라고 한다. 체격이 단단하고 믿음
직해서 바우(바위의 경상도 사투리)라고 불리곤 했는데, 이를
영어식으로 부른 별명이다. 그는 바우처럼 우직하고 성실한
비체육인 출신의 체육인이었다.

2011년 8월 대구에서 열린 제13회 세계육상선수권대회는
역대 대회 중 손꼽을 정도로 성공적으로 마쳤다. 박정기 씨
는 세 가지 면에서 성공한 대회라고 평했다. 첫째, 8월이면
우기(雨期)인데 비가 한 번도 오지 않았다. 덕분에 좋은 기록
이 많이 나왔다. 둘째, 지방 도시에서 열리는 대회라 관객이
많이 오지 않을까 봐 걱정했는데 의외로 경기장마다 자리가

꽉 찼다. 연인원 45만 명으로 우리나라에서 최대 인원이 관람한 성공적인 대회로 기록되었다. 인구 비율로 본다면 가히 세계적인 기록이다. 셋째, 대구가 더운 지역이라 걱정했는데 대회 기간에는 오히려 서울보다도 시원했다. 저녁에는 가벼운 스웨터를 입어도 될 정도였다. 덕분에 일사병 없이 대회를 무사히 치를 수 있었다. 대회가 끝난 후에 대구가 러시아의 모스크바나 일본의 동경도 얻지 못한 세계육상도시(World Athletics City)라는 공식 타이틀을 얻는 쾌거를 이루기도 했다.

그는 빼어난 리더십을 가진 군인이자 경영인이면서 베스트셀러 작가이기도 해서 "육사 국문과 출신"으로 불리기도 한다. 육사에 국문과가 있을 리가 없지만 그만큼 문학에 조예가 깊다는 뜻이다. 그가 쓴 《어느 할아버지의 평범한 이야기》는 30만 부가 팔리고 세계 각국에 번역될 정도로 널리 알려진 작품이다. 《남북전쟁》이란 책도 냈다. 한국인이 미국 남북전쟁에 관해 쓸 것이 무어냐 싶었지만, 그의 말을 들어보니 옳다는 생각이 들었다. '남북전쟁'에 관한 책들이 여럿 있지만, 그중에 군인이 쓴 것은 하나도 없다는 것이다. 전쟁 이야기를 가장 잘 쓸 사람은 군인이 아닌가. 육군 중령 출신인 자신이 가장 잘 쓸 수 있는 이야기라는 것이다.

2015년 5월, 박정기 씨는 '자랑스러운 육사인(陸士人) 상'을 받았는데, 수상을 축하하는 기념 소책자에서 자신의 좌우명을 이렇게 밝혔다.

"구일신 일일신 우일신(苟日新 日日新 又日新)."

"참으로 하루를 새롭게 할 수 있으면 나날이 새롭게 할 것이요, 또 날로 새롭게 할 것이다'라는 뜻이다. 은(殷)의 시조 탕왕(湯王)이 자신의 세숫대야에 새겨 아침마다 읽었다는 글귀라고 한다. 그는 구순을 바라보는 나이에도 여전히 멈추지 않고 끊임없이 탐구하며 일에 몰두하고 있다. 그야말로 영원한 현역이다.

바쁜 생활 중에 언제 글을 쓰느냐고 물었다. IAAF 집행 이사로서 해외 출장을 다닐 일이 많으니 그때마다 며칠 시간을 내어 집중하여 책을 쓴다고 한다. 부러울 따름이다. 성실함과 신심으로 일을 잘 해내는데다 심덕(心德)까지 좋아서 주변에 사람이 모이고, 시간을 쪼개어 작품 활동까지 하고 있으니 어찌 부럽지 않겠는가. 그의 비범함은 어디에서 나오는 것일까?

그는 평소에 이렇게 말하곤 한다.

"지금까지 살아 보니까 집념이 제일 중요한 것 같습니다.

집념이란 좋은 말로 하면 정성인데, 정성을 다하면 꿈꾸던 일이 반드시 이루어지거든요."

3장

안목으로 그림을 사고,
고집으로 전통을 산다

예술 작품의 가치를 헤아릴 줄 알았던,
문화인 김용원

김용원 씨는 조선일보 편집국장을 거쳐 대우전자 사장을 지낸 사람이다. 나와는 두 살 차이가 난다. 무슨 일을 시작하면 끝장을 보고 마는 강한 집념의 사나이다. 신문에 실린 기보(碁譜)를 보고 익힌 바둑으로 아마추어 3단의 유단자가 되었고, 체격이 그리 좋은 편이 아닌데도 골프가 싱글이다.

회사 연수 프로그램으로 극기 훈련이 유행하던 때가 있었다. 대우전자 사장 시절에 김용원 씨도 직원들과 설악산 등반을 해야 했다. 산을 오르다가 다리에 쥐가 났다. 평소에 운동을 하지 않았던 탓이다. 리더가 주저앉는 모습을 보이면 안 된다는 생각에 옷핀으로 다리를 찔러 가면서 산을 올랐다. 나중에 보니 얼마나 찔러 댔는지 옷이 벌겋게 물들고 다 찢어져 있었다고 한다.

그 일이 있었던 후에 일요일마다 배낭을 메고 산이란 산을 다 오르기 시작했다. 지금은 누구보다도 산을 잘 탄다. 그 정도로 집념이 강하고 중도 포기라는 것을 모르는 사람이다. 그뿐만 아니라 산에 올라 좋은 경치를 보다 보니 사진으로 남겨야겠다는 생각이 들었다고 한다. 그때부터 카메라로 풍경 사진을 찍기 시작했다. 손대는 것마다 끝을 보는 그의 성격답게 사진 촬영 또한 수준급이 되어 전시회를 몇 차례나 열 정도가 되었다.

그에게서 발견하는 가장 놀라운 점은 남다른 '안목'이다. 김용원 씨는 한국 미술계에서 알아줄 정도의 컬렉터이다. 그가 조선일보 경제부 기자로 있을 때 우리나라 최초의 중산층 아파트인 한강맨션아파트가 세워졌다. 기자들이 모여 아파트 문화에 관해 이야기를 나누다가 누군가가 "앞으로 한국의 주거 형태가 아파트로 바뀌어 간다면 벽에 그림이라도 걸어야 하지 않겠어요" 하고 농담조로 말했다. 김용원 씨는 그 말을 예사롭지 않게 받아들였다.

그는 문화부 기자에게 부탁해서 장래성이 있는 화가의 명단을 받았다. 그리고 홍익대학교에 가서 장래가 촉망되는 화가의 명단을 조사했다. 마지막으로 화랑을 찾아가 장래가 유망한 화가를 꼽아달라고 했다. 이렇게 해서 모은 명단을 비교해 보니 공통적으로 거론되는 이름들이 있었다. 그들이 그린 그림들을 사 모으기 시작했다.

그림 값은 그 나라의 경제력과 비례한다고 한다. 잘사는 나라에서는 그림 값이 비싸고, 못사는 나라에서는 그림 값이 싸다. 김용원 씨가 그림을 사 모으기 시작한 때는 한국이 못사는 나라였다. 지금에 비하면 그림 값이 헐값에 가까웠다. 그는 돈이 생기는 대로 그림을 샀다. 그것도 장래가 보이는 화가들의 작품만 사들였다. 그렇게 하면서 그림에 대한 안목을 키워 갔다.

한번은 이런 일이 있었다. 조선일보에서 주최하는 〈이중섭미술상〉이 있다. 1990년 제2회 때 우리나라 최초의 동판화가인 김상유(金相游) 화백이 수상자로 선정되었다. 수상기념 전시회를 열어야 하는데, 정작 본인이 가진 작품이 별로 없었다. 대부분의 작품을 김용원 씨가 가지고 있었다. 그래서 김 화백이 그에게 자기 작품을 빌려서 전시회를 열었다고 한다.

2020년, 김용원 씨가 《구름의 마음, 돌의 얼굴》(雲心石面) 이라는 제목의 책을 냈다. "내가 만난 작품, 내가 만난 작가"라는 부제에 걸맞게 그가 아트 컬렉터(art collector)로서 1960년 대부터 수집해 온 동양화나 서양화는 물론 판화, 조각, 도자기, 고서화 등에 이르기까지 다양한 작품들을 사진과 함께 자세하게 소개하며 자신만의 해설을 곁들인 책이다. 그의 깊은 안목을 확인할 수 있었다. 게다가 평창동 자택을 반으로 나누어 한쪽을 갤러리로 꾸민 것을 보니 감탄이 절로 나왔다. 동네 주민들이 동참하여 집 일부를 갤러리로 꾸미기 시작했다고 한다. 내친김에 문화의 거리를 만들 계획이라는 말에 역시 삶의 멋을 아는 분이구나 하고 감탄할 수밖에 없었다.

이처럼 그는 말 그대로 진정한 문화인이다. 부인 신갑순 (申甲淳) 여사와 함께 지금도 다양한 문화예술 활동에 참여하고 있으며 문화예술인들과도 매우 활발히 교유(交遊)하고 있다.

그에게는 자신의 부족한 면을 끝내 극복하는 의지가 있고, 하고자 하는 일은 끝까지 포기하지 않고 결실을 거두는 집념이 있다. 머리가 희끗한 그가 지금도 푸른 청춘으로 사는 비결은 바로 여기에 있다. 요원한 산 정상이 내게 다가오는 일은 없다. 의지를 가진 자가 정상을 정복하고 보람의 희열을 느끼는 법이다.

뚝심 있게 시간을 거슬러 올라갔던, 사대부 류선우

엔터테이너 류시원(柳時元)의 아버지로 더 유명해진 류선우 씨는 대구 매일신문 편집국 부국장을 지낸 언론인이다. 청와대 출입 기자 생활을 하던 어느 날 정부로부터 한 가지 제안을 받았다. 기자를 그만두고 풍산금속(豊山金屬)에 임원으로 들어가 경영을 도우라는 것이었다. 풍산금속 류찬우(柳纘佑) 회장과 친인척 관계가 아니냐는 오해에서부터 비롯된 일이지만 나라를 위하는 일이라니 제안을 받아들일 수밖에 없었다.

풍산금속은 실탄을 제조하여 군에 납품하는 독점기업이다. 언제 또다시 전쟁이 일어날지 모른다는 두려움이 만연했던 시절이라 실탄의 제조나 납품에 차질이 생기면 안 되었다. 일본 교포 출신의 류 회장은 회사의 안정적인 경영을 위해 정부가 제시한 두 가지 조건을 따라야 했다. 일본에 있던 자녀들을 모두 한국에 데려오고, 유사시에 회사를 국가에 헌납하겠다는 백지위임장을 쓰는 것이 조건이었다. 그러고도 안심이 되지 않은 정부는 류선우 씨가 회사에 들어가 경영을 돕기를 원했다. 이런 연유로 그는 풍산금속 총무 이사가 되었다.

그러나 부업으로 하던 시멘트 납품 사업이 부도가 나면서 경제적으로 매우 어렵게 되었다. 관례상 외상 거래가 많았는데 건설회사가 부도가 나자 연쇄 부도를 피할 수 없었던 것이다. 언젠가 그가 그 시절을 돌아보며 이런 말을 했다.

"그 덕분에 100원으로 한 끼를 때울 수 있는 비결을 알았소."

100원짜리 건빵 한 봉지를 사서 헌 차를 몰고 고수부지에 나가 물과 함께 먹으며 하루를 보냈던 것이다. 무심히 흘러가는 강물을 바라보며 마음의 고통을 다스렸다.

그렇게 재정적으로 어려운 중에도 그는 돈이 생길 때마다 틈틈이 고향에 내려가 옛집을 돌보곤 했다. 조선의 대학자 류성룡(柳成龍)의 12대손인 그는 안동 하회마을에 선대가 남겨 놓은 허름했던 집을 수년에 걸쳐 복원했다. 돈이 많지 않으니 매년 하나씩 고쳐 나갔다.

성격대로 무엇 하나 허투루 하는 법이 없었다. 인간문화재 도편수(都邊首) 신응수(申鷹秀) 대목장에게 의뢰하여 철저한 고증을 거쳐 복원했다. 굴뚝의 높이, 계단의 층수까지 세세한 내용을 옛 자료를 찾아 대조하며 복원했다.

담연재 앞뜰에서 아내와 함께

복원한 뒤 우리 시대 마지막 선비로 알려진 한학자 임창순 (任昌淳) 선생과 고심 끝에 '담연재(澹然齊)'라는 이름을 붙였다. "맑고 편안한 마음으로 학문을 익히면 지혜와 뜻이 널리 퍼지는 집"이라는 뜻이다. 글씨는 서예계의 큰 인물인 일중(一中) 김충현(金忠顯) 씨에게 부탁했다. 현판은 고증에 따라 최고급 박달나무를 어렵게 구해서 조각했다. 마지막으로 한국 토종 삽살개 두 마리를 구해 와 마당에 매어 놓았다.

그렇게 수년에 걸쳐서 공을 들인 덕분에 지금은 한국을 대표하는 고택으로 손꼽히게 되었다. 1999년 4월 내한한 영국 엘리자베스 여왕이 바로 이곳 담연재에서 73세 생일상을 받아 더욱 유명해졌다. 예술적 안목이 뛰어날 뿐 아니라 최고를 지향하는 그의 노력 덕택이다.

〈청춘〉을 사랑하는 '이름 없는 모임'이 담연재 대청마루에 앉아 자연 속에서 문화 이야기로 밤을 지새웠던 때가 그립다.

4부

인생의 빛을

꺼뜨리지 마라

1장 ㅇ 작은 아름다움이 진짜다

개개인에게 가치를 돌려주어라

요즘 한국 사회가 '1등만 기억하는 세상'이 되었다고 한탄조로 말하는 사람이 많다. 한탄만 할 게 아니라 자신의 관점부터 바꿀 필요가 있지 않겠는가. 아름다운 건축물을 설계한 사람의 이름을 얼마나 아는가? 멋진 한강 다리를 누가 디자인했는지 아는가? 사실 나도 잘 모른다. 머릿돌을 봐도 익히 들어 본 이름 있는 건설회사의 회장 이름뿐이다.

건물의 가치는 사실 시공업체보다 디자인을 한 건축가에게 돌려야 마땅하다. 아름다운 감동을 선사하는 예술 작품에 감사를 표하듯이 말이다. 작품은 바로 그 사람의 가치다. 개인의 가치를 높이 사는 문화야말로 선진문화라고 할 수 있다. 우리나라에서 피카소와 같은 위대한 화가가 나오기 힘든 이유가 여기에 있다. 우리는 가치를 엉뚱한 데서 평가하고 있다. 그림을 볼 때 화가의 예술혼을 보지 않고 어느 회사의 물감을 썼는지 재료비는 얼마나 들었는지를 보고 가격을 매기는 것과 다를 바가 없지 않은가.

평범한 개인이 후손에게 "내가 이 건물을 디자인했다"고 당당하게 말할 수 있는 사회가 되어야 한다. 마찬가지로 대기업 회장의 이름보다 대기업에 다니는 수많은 사원의 이름이 더 무거워야 한다. 가치의 비중이 달라져야 한다는 뜻이다. 한두 사람이 대표성을 지니는 시대는 이미 지났다. 사회를 구성하는 개인들이 저마다 자신만의 가치를 인정받는 사회, 각자 자신의 전문 영역에서 가치를 인정받는 사회가 되어야 한다. 그런 의미에서 자신의 일에 실명을 남기는 것이 도움이 된다고 생각한다. 흔적이 없으면 가치를 인정받기 힘들기 때문이다. 누구나 자신을 기억해 주는 사람들과 있을 때 행복을 느낀다.

살아오면서 평범한 사람들 가운데 비범한 이들을 많이 봐왔다. 이병철(李秉喆), 정주영(鄭周永)이란 이름만 기억되기에는 우리 주변에 멋진 사람들이 너무나 많다. 그들이 잊히는 것은 우리에게 너무나 큰 손실이다.

풍류를 알면 빗방울 소리마저 음악이 된다

독일의 베를린 장벽이 무너졌을 때, 현지에서 레너드 번스타인(Leonard Bernstein)이 베토벤의 9번 교향곡 〈합창(Choral)〉을 지휘했을 때의 감격이 지금도 생생하다. 이처럼 음악은 시간과 장소가 절묘하게 맞아떨어질 때 그 감동이 매우 크다. 나는 삶이 아무리 바빠도 음악이 주는 감동을 놓치고 싶지 않다.

지금은 고인이 된 김경원(金瓊元) 전 주미대사는 1970, 80년대 외교 정책 분야에서 가장 뛰어났던 지식인이자 전문가다. 그는 음악인보다 더 음악을 사랑하는 클래식 애호가였다.

특히 리하르트 바그너(Richard Wagner)의 음악을 좋아해서 1993년 한국바그너협회를 창립하기도 했다. 정기 음악회와 강연회를 개최하고, 매년 여름 독일 바이에른에서 열리는 바이로이트 페스티벌(Bayreuth Festival)에 참관하기도 한다. 바그너의 오페라만을 공연하는 음악 축제다. 나는 초창기부터 협회의 이사를 맡아 회원들과 음악을 즐기는 기쁨을 누리고 있다.

1965년 창단된 '서울바로크합주단'이 2003년 사단법인으로 바뀌면서 김경원 씨가 초대 이사장이 되었고, 2009년 내가 2대 이사장으로 활동하기도 했다. 서울음대 학장을 지낸 바 있는 김민(金旻) 음악감독이 지휘하는 이 합주단은 2020년에 창단 55주년을 맞이한 우리나라 최고(最古) 챔버 오케스트라로 1999년 파리 유네스코회관, 2000년 미국 뉴욕 UN 본부에서의 공연을 통해 UN 공식 "평화의 실내 악단"으로 지정받은 바 있다. 명실공히 한국을 대표하는 챔버 오케스트라다.

2009년 소록도와 육지를 잇는 '소록대교'가 개통된 기념으로 소록도 주민을 위한 '희망 콘서트'를 기획했다. 소록도에 클래식 연주단이 방문한 것은 처음이라고들 했다. 처음에는 숨소리조차 들리지 않았는데, 앙코르곡으로 준비한 찬송가를 한센병 환자들이 나직이 따라 부르며 감격해 하던 모습이 지금도 눈에 선하다. 2010년 11월 북한에 의한 포격 사건으로 슬픔에 잠겨 있던 연평도 주민들을 위로하기 위해 공연을 두 차례 기획했지만, 기상 악화로 끝내 성사시키지 못해 아쉽다. 그해 연말 송년 무대는 연평도의 슬픔에 공감하며 쇤베르크(Arnold Schönberg)의 〈정화된 밤(Verklärte Nacht)〉으로 장

2010년, 서울바로크합주단 45주년 후원의 밤 행사

후원의 밤 행사장에서(왼쪽부터 서울바로크합주단 김민 음악감독, 저자, 신영균)

중하게 마무리했다.

이처럼 음악은 삶과 동떨어진 예술이 아니다. 우리 귀에 들리는 모든 소리가 사실 음악이라고 할 수 있다. 바람 소리, 아이들의 웃음소리, 배에서 나는 꼬르륵 소리 등. 소리를 듣고 누군가를 떠올리거나 어떤 장면을 떠올린다면 소리는 이야기를 담은 음악이 된다.

건축가 문신규(文信珪) 씨와 노준의(盧俊義) 내외가 직접 설계해서 운영하고 있는 평창동 토탈미술관에서 이따금 음악회가 열리곤 한다. 한번은 〈청춘〉을 사랑하는 '이름 없는 모임'의 임인수 씨와 함께 참석했는데 그때 느꼈던 신선한 충격이 지금도 내 마음을 설레게 한다.

부채꼴 모양의 계단식 잔디 마당에서 음악회가 열렸다. 200~300명이 모인 가운데 피아노 연주와 함께 성악가의 노래가 울려 퍼졌다. 그런데 갑자기 빗방울이 후드득 떨어지기 시작했다. 순간 움찔하며 일어나려고 했다. 그런데 아무도 움직이지 않는 것이다. 한 사람도…. 모두가 음악에 취해 옷이 흠뻑 젖어 가는데도 소나기를 그대로 맞았다. 그 순간 빗방울 소리마저 음악이 된 것 같았다. 참된 음악이란 들리는 것만이 아닌 '듣는' 것이란 생각이 들었다.

나는 음악이 가진 치유의 힘을 믿는다. 소외된 이들을 찾아가 '희망 콘서트'를 열고자 했던 것도 그들을 위로하는 것만이 아니라 음악을 듣고 마음의 문을 여는 사람들을 볼 때 우리 마음이 치유를 받기 때문이다. 아름다운 음악을 듣고 마음이 움직이지 않는 사람이 얼마나 될까. 해묵은 갈등과 반목이라도 마음이 통하는 음악을 들으며 화해의 실마리를 찾을 수 있지 않겠는가.

지금도 나는 꿈을 꾼다. 언젠가 여의도 국회의사당에서 신년 음악회를 열고 싶다. 여당과 야당이 음악으로 하나 되어 새해를 연다면 여느 해보다 화합에 더 가까워지지 않겠는가.

감사를 알면 용기가 생긴다

윤필용 장군 사건으로 옥고를 치르는 동안 나를 지탱해 준 것은 신앙이다. 특별히 성경 말씀이 무너질 위기에 있었던 나를 다시 일으켜 세워 주었다. 무죄로 풀려난 뒤 아내가 어려서부터 다녔던 영락교회에 꾸준히 다니기 시작했고, 그 시기에 하용조(河用祚) 목사를 알게 되었고 "하나님은 과거나 지금이나 감당치 못할 시련을 결코 주시지 않습니다"라고 말하는 그의 확신에 찬 목소리에 힘을 얻었다.

매주 목요일 저녁, 하용조 목사를 모시고 '임마누엘'이라는 이름의 성경 공부 모임을 시작했다. 주기철 목사의 아들인 극동정유 주광조(朱光朝) 부회장 내외, 고려합섬 장치혁(張致赫) 회장 내외, 주성규(朱聖奎) 농수산부 차관 내외, 세방여행사 염부현(廉富顯) 부회장 내외 그리고 우리 내외 등 다섯 가정이 모였다. 이 모임을 통해 얼어붙었던 마음이 녹으며 하나님과의 관계를 회복하고 비로소 신앙인으로 거듭날 수 있었다. 지금 생각해도 행복하기만 했던 2년 6개월의 시간이다.

위축되기만 했던 마음이 서서히 회복되자 교회에서 봉사 활동을 시작했다. 구역장이 되어 옥인동에 사는 교인들의 집을 방문했다. 처음에는 대낮에 나이 많은 할머니 권사들을 모시고 다니려니 창피해서 뒷골목으로만 다녔다. 멀쩡하던 사내가 감옥에 갔다 오더니 대낮에 할 일 없이 성경책 들고 아주머니들과 다닌다고 할까 봐 지레 민망했다.

그러나 성경 공부를 하면서 말씀을 통해 과거가 해석되기 시작하자 사람들의 시선 따위는 문제가 안 되었다. 윤필용 장군 사건으로 고초를 겪긴 했지만, 그것이 전부가 아니었다. 오히려 인생 2막을 살 기회가 주어졌다는 걸 깨달았다. 비록 군인으로서 장군이 되는 꿈을 이루진 못했지만, 인생 전체를 놓고 보니 그것은 별것 아니었다. 오히려 시련이 없었다면 알지 못했을 많은 것들을 얻었다. 무엇보다도 감사하는 마음을 알았다는 것이 가장 큰 은혜다. 덕분에 나중에는 남들이 보든 말든 성경책을 들고 큰길로 다녔다.

옥인동 지역을 심방 다닐 때 많은 걸 느꼈다. 그 동네엔 유독 농아(聾啞)가 많았다. 근처에 국립서울농학교가 있기 때문이다. 당시 농아 가족들에게서 위로 아닌 위로를 받았다. 집집마다 다니며 예배를 드렸는데 눈물을 흘리며 찬양을 부르고 감사 기도를 드렸다. 가족 중에 농아가 있으면 슬픔이 더 많을 것 같은데 그렇지 않았다. 감사거리가 얼마나 많았는지 모른다.

어쩌다 농아가 되었느냐고 물으니 그 이유가 가지각색이었다. 감기에 걸려서 페니실린 주사를 맞다가 쇼크가 와서 별안간 농아가 되거나, 목욕물이 뜨거운 줄 모르고 갓난아기를 넣었다가 경기를 일으켜 농아가 되기도 했다. 전부 찰나

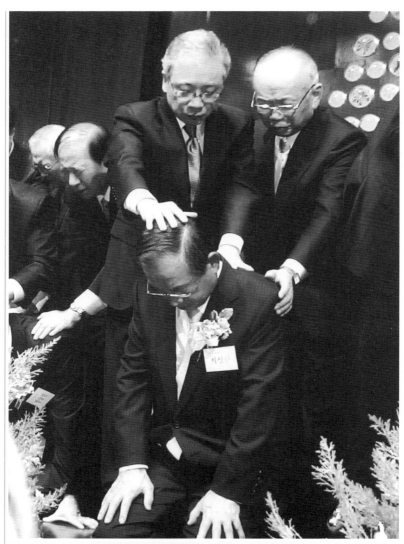

2008년, 온누리교회 하용조 목사로부터 장로 장립을 받다

에 일어난 일이었다. 얼마나 속상하고 원통하겠는가. 그런데도 순간의 잘못 때문에 인생 전체를 포기하는 사람은 없었다. 그런 모습에서 감동을 받고 은혜를 느꼈다.

인생에는 실망과 좌절이 끊임없이 찾아온다. 그러나 감사할 일들도 끝없이 찾아온다. 시선을 한곳에만 두면 다른 쪽을 볼 수 없다. 인생에는 감사거리가 충분히 많다. 뒷골목을 벗어나 큰길로 다닐 용기를 얻을 만큼 많다. 감사를 알면 넘어진 데서 일어나 나아갈 힘을 얻고 용기를 얻는 법이다.

천진함을 잃지 않아서 빼어난 사람이 된다

기인(奇人)을 보면 흥미롭기도 하지만 신선함을 느끼기도 한다. 내가 아는 기인 중에 한운사(韓雲史) 씨가 있다. 한국일보 문화부장을 거쳐 방송작가협회 이사장을 역임했는데, 우리가 잘 아는 영화나 드라마 대부분이 그의 작품이다. 〈아낌없이 주련다〉, 〈빨간 마후라〉, 〈현해탄은 알고 있다〉, 〈현해탄은 말이 없다〉 등 리얼리즘을 통해 인간애를 추구하는 작품을 주로 썼다. 그뿐만 아니라 시대를 대표하는 수많은 노래

2007년 8월, 영화 <빨간 마후라>의 원작자 한운사가 회사를 방문하다

들, 새마을운동의 〈잘살아보세〉, 〈빨간 마후라〉 등을 작사하
기도 했다. 그와 대화를 하다 보면 해박함에 감탄하곤 했다.

　그는 국제한국연구원 최서면(崔書勉) 원장과 막역한 사이
였다. 최 원장은 한일 근대사와 안중근 연구의 권위자로 알
려져 있다. 1957년에 일본으로 건너가 동경한국연구원을 설
립하여 1988년 귀국할 때까지 30여 년간 근대 한일 관계 자
료를 수집하고 연구해 온 인물이다. 특히 안중근 의사와 관
련된 자료를 발굴하여 학계에 소개한 공로가 크다. 저명한

최서면 국제한국연구원장과 함께 박정희 대통령 생가를 방문하다

대학교수, 언론사 논설위원 등 일본 지식인 사오십 명이 최서면 원장을 중심으로 한 간담회를 조직해서 지금까지도 운영하고 있다. 그의 영향을 받은 작가 쓰노다 후사코(角田房子)는 논픽션《민비암살(閔妃暗殺)》을 통해 명성황후 시해 사건의 진상을 밝히려고 노력하기도 했다.

기시 노부스케(岸信介), 후쿠다 다케오(福田赳夫) 전 일본 총리 등 정치가들과 교류하며 시나 에쓰사부로(椎名悅三郎) 전 외무대신 같은 내로라하는 정객들과 가깝게 사귀기도 했다.

일본 지식인들은 그를 '한일외교의 괴물(怪物)'이라고 부른다. 가나야마 마사히데(金山政英) 전 주한 일본대사는 최서면 씨를 두고 "사케테 토오레나이 미치(さけてとおれないみち, 돌아서 갈 수 없는 길)"라고 부르기도 했다. 최서면 씨를 통하지 않고는 한국과 일을 할 수 없다는 뜻이다.

주한 일본대사 가나야마 마사히데(金山政英)는 죽기 전에 "나의 시신을 한국 땅, 최서면 씨 가묘(假墓) 옆에 묻어 달라. 죽어서도 한일 간의 친선과 친화를 돕고 지켜보고 싶다"는 유언을 남겼다고 한다. 그의 유언에 따라 1997년 가나야마 대사의 유골이 벽제 천주교 서울대교구 삼각지 본당 하늘묘원에 있는 최서면 씨의 가묘 옆에 묻혔다. 그 위에는 최서면 씨 부모의 묘가 있다.

죽은 뒤에 유골로라도 곁에 묻히고 싶어 하는 벗이 얼마나 있을까. 최서면 씨와 가나야마 대사의 깊은 우정이 부럽기만 하다.

자기 분야에서 걸출한 인물들인 한운사 씨와 최서면 씨는 서로를 그렇게 좋아할 수가 없었다. 함께 있을 때는 어린아이 같은 천진함으로 시종일관 웃음소리가 그치지 않았다. 기인 두 사람이 만나 무슨 얘기를 나눴을 것 같은가? 심오한 정치 철학이나 고상한 예술을 논했을 것 같은가? 아니다. 그들은 100원 내기 고스톱을 즐겼다.

한밤중에 깨어난 한운사 씨 부인이 남편이 보이지 않자 집 안을 여기저기 둘러봤다. 바로 옆방에서 그가 벽을 보고 혼자 고스톱을 연습하고 있는 걸 발견했다. 번번이 최서면 씨한테 지자 잔뜩 골이 났던 것이다.

한운사 씨가 우리 회사를 방문한 날 바다가 보이는 가까운 송도에 가서 횟집 2층에서 회를 먹으며 석양 노을을 바라봤다.

"태양아, 왜 이렇게 빨리 지느냐."

혼잣말을 하던 그가 창밖의 거리를 물끄러미 내려다봤다.

마침 길거리 화가가 그림을 그리고 있었다.

"그림 그리고 싶으십니까? 이참에 제 얼굴을 한번 그려 주지 않으시겠습니까?"

농담 반으로 제안했는데 한운사 씨가 선뜻 하겠노라고 나섰다. 길거리 화가에게 양해를 구하고 이젤을 사이에 두고 한운사 씨와 마주 앉았다. 그가 자못 시원시원하게 그림을 그렸다.

"다 그렸소."

그가 그린 내 얼굴은 도깨비 같았다.

"이게 뭡니까? 잔뜩 기대했는데…. 그림 솜씨는 형편없으시군요. 하하하."

서로 얼굴을 마주 보고 너털웃음을 터뜨렸다. 못하는 게 없는 만능인일 줄 알았는데 어린아이같이 서툰 그림 솜씨를 보니 오히려 마음이 더 열리며 한편으로는 안심이 되었다. 역시 세상에 완벽한 사람은 없는 법이다. 자기 분야에서 뛰어날 뿐이다. 그가 만능이 아니어서 인간적으로 더 좋아졌다.

한운사 씨와 최서면 씨가 시대를 풍미하는 빼어난 사람들이 될 수 있었던 건 천진함을 잃지 않아서였을 것이다. 인생을 너무 장엄하게 살 필요는 없다. 음악이 아름답게 들리는 것은 음의 고저(高低)와 강약(强弱)이 있기 때문이 아닌가.
이처럼 인생에는 묵직함과 가벼움이 모두 필요한 법이다.

2장 。   죽음에도
매이지 마라

죽음의 문턱에서도 유머를 잃지 않는 여유

문화교육부 장관과 이화여자대학교 총장을 지낸 바 있는 김옥길(金玉吉) 씨가 생전에 위암 수술을 받은 적이 있다. 수술 후 전신마취에서 깨어나지 않는 경우가 있기에 주치의와 간호사들이 지켜보고 있었다. 다행히 의식이 돌아와서 안심했는데, 김 총장이 주위를 두리번거리더니 수술을 집도한 의사에게 손바닥을 내밀었다. 그러고 던진 한마디.

"나 돈 줘요."

다들 깜짝 놀라서 서로 얼굴을 쳐다봤다. 간혹 마취에서 깨어날 때 평소에 하지 않았던 이상한 말을 하는 경우가 종종 있다고 한다. 평소에 매우 점잖았던 사람이 비몽사몽간에 상소리를 하거나 입에 담을 수 없는 욕을 하기도 한다고 한다. 아마 무의식에 억눌려 있던 것들이 비집고 올라오는 것일 것이다. 그 자리에 있던 의료진은 김옥길 씨가 대학교 총장을 하면서 재정 때문에 얼마나 마음고생이 심했으면 무의식중에도 돈을 제일 먼저 떠올릴까 하고 생각했다.

"총장님, 돈이 필요하십니까?"

집도의가 말을 받아 물었다.

"나를 이렇게 홀랑 벗겨 놓고 볼 것 다 봤으면 구경 값을 내야 하는 것 아닌가요?"

김옥길 씨가 의외의 대답을 하며 얼굴에 미소를 띠어서 모두가 놀랐다고 한다. 이런 여유가 어디서 나왔을까? 수술이 잘되었는지, 혹시 암세포가 전이되지는 않았는지 물어볼 법도 한데 농담부터 던지는 여유라니. 아마도 평소의 신앙처럼 모든 것을 하나님께 맡기고 정작 본인은 마음을 편안하게 먹었기 때문에 그런 농담을 할 수 있었다고 짐작한다. 김옥길 총장은 그런 사람이었다.

그의 유머는 격이 다르다. 준비된 유머가 아니라 무의식에서부터 나오는 유머이니 이것이야말로 정신적인 여유가 아니고 무엇이겠는가.

1981년 2월, 나는 어느 추운 날에 약속이 있어서 외출했다가 뇌출혈로 쓰러졌다. 약속 시간이 다되어서 용변을 참을까 하다가 식사 중간에 다녀오는 것은 예의가 아닐 것 같아서 서둘러 볼일을 본다는 것이 그만 무리가 되었는지 쓰러지고 말았다. 머리가 깨질 것처럼 아픈데 정신을 잃으면 안 되겠다는 생각에 얼른 옷을 쥐고 나가 소리를 질렀다. 바로 달려온 종업원에게 우리 집 전화번호를 알려주고 집사람을 오게 해 달라고 부탁하면서 의식을 잃었다.

다행히도 식당 바로 옆에 병원이 있었다. 집사람이 오기만을 기다렸다면 상태가 심각해졌을 수도 있었다. 마침 퇴근하려던 의사가 식당 주인의 연락을 받고 뛰어 올라왔다. 그가 응급조치를 해 주고, 다음 날 나를 서울대학병원으로 보내 주었다.

의식이 돌아오지 않은 상태로 한 달을 보냈고, 그 후에야 의식이 조금씩 돌아와서 두 달 만에 퇴원할 수 있었다. 내가 혼수상태에 빠져 있는 동안에 많은 일이 있었다.

대학병원이라 의사진이 진료를 위해 회의를 하는데, 내 치료 방법을 두고 의견이 갈린 것이다. 어떤 의사는 당장 수술부터 해야 한다고 했고, 또 다른 의사는 경과를 지켜보자고 했다. 아내에게 의사들이 서로 다른 의견을 내놓으며 어서 담당 의사를 결정하라고 하니, 아내는 두렵고 난감할 수밖에 없었다.

생각다 못한 아내가 나와 동창인 의사 친구에게 전화를 걸어 상의했다. 그랬더니 친구가 "명호진(明好鎭) 박사에게 부탁하세요. 그분 성질은 괴팍하지만, 실력은 뜨겁습니다" 하고 조언해 주었다. 그래서 아내가 선택한 주치의가 신경과 과장 명호진 교수이다. 그는 서울대 의대 학장과 보건대학원 초대원장을 역임한 명주완(明桂完) 박사의 자제로 아버지의 뒤를 이어 신경학을 전공한 수재이다.

그는 경과를 지켜보고 나서 수술을 결정하자는 쪽이었다. 그러나 상황이 낙관적이었던 것은 아니다. 그는 내가 '지주막하출혈(蜘蛛膜下出血)'인데 상태가 좋지 못하니 깨어나도 반신불수가 될 것이라고 봤다. 그래서인지 아내에게 내가 무슨 일을 하는 사람인지를 묻고, 사업을 한다고 대답하니, 어서 정리하는 게 좋을 거라고 충고해 주었다고 한다. 그는 주치의로서 내게 최선을 다해 주었다. 밤이고 새벽이고 내 상태가 조금이라도 이상해지면 바로 달려와서 봐 주곤 했다. 그의 부인이 "대체 어떤 사람인데 당신이 새벽에 수염도 안

깎고 달려 나갑니까?" 하고 물을 정도였다. 결국 내가 의식이 돌아오기까지 수술은 하지 않고 넘어갔다.

한 달 후 의식이 돌아왔을 때, 명 박사는 내게 뇌동맥 사진을 찍자고 제안했다. MRI로 지주막하출혈이 있는 것은 확인됐지만 수술해야 할 경우를 대비하여 신경이나 모세혈관 등 좀 더 정확한 것을 봐 두어야 한다는 것이다. 가능한 한 빨리 사진을 찍어야 만약의 사태를 대비할 수 있다고 했다. 그러나 촬영 시 부작용으로 뇌혈관이 갑자기 터져서 위험한 상황이 올 수도 있다는 것도 설명해 주었다.

"대한민국에서 제일 잘한다는 의사들이 최선을 다해서 봐드릴 테니 안심하고 결정하십시오."

다음 날 아침까지 결정해서 알려 달라고 했다.

"여보, 부작용이 없는 건 아니지만 자주 있는 일은 아니라고 하니 너무 걱정할 것 없이 사진을 찍는 게 어떻겠어요?"

아내가 물었다.

"내가 꼼짝없이 누워서 혼수상태에 있을 때도 수술을 안 하고 잘 견뎠잖소. 그런데 조금씩 좋아져서 지금은 이렇게 깨어나 당신과 이야기를 나누지 않아요? 위험하다는 걸 굳이 할 필요가 있겠소? 하나님께 맡깁시다."

아내가 눈이 동그래져서 쳐다봤다. 예전에는 하지 않았던 말이기 때문이다.

"성경책 어디 있소? 성경책에 우리 손을 얹고 기도합시다."

한밤중에 아내와 둘이 손을 모으고 조용히 기도했다.

다음 날 아침, 명호진 박사에게 뇌동맥 사진을 찍지 않겠다고 말했다. 그랬더니 놀라면서 이렇게 말했다.

"무슨 말씀이십니까? 한국의 기술이 못 미더우시면 스위스 병원을 연결해 드릴 테니 거기서라도 꼭 검사를 받으십시오. 지금 그대로 두면 화약고를 머리에 이고 사시는 셈입니다. 언제 터질지 모른단 말입니다."

"아닙니다. 그대로 놔두렵니다. 자꾸 사람의 힘으로 어떻게 해 보려고 해 봤자 뭣하겠습니까? 인명(人命)은 재천(在天)이니 하늘에 맡기겠습니다."

"다 나은 게 아닙니다. 앞으로 3년 동안 철저히 주의하셔야 합니다. 뛰거나 골프나 테니스 같은 운동을 하시면 안 됩니다. 운전대도 잡으시면 안 되고요."

결국 뇌동맥 사진은 찍지 않았고, 수술도 받지 않은 채 입원한 지 두 달 만에 업혀서 퇴원했다. 오래 누워 있다 보니

다리가 가늘어지고 힘이 없어서 제힘으로 걷지 못했던 것이다.

퇴원하면서 집으로 가기 전에 교회부터 들르자고 했다. 당시 우리 가족이 다니던 영락교회를 찾아갔다. 돌계단이 많고, 계단 하나가 높은 곳인데 기도실이 있는 2층에 데려다 달라고 했다. 기도실에서 엎드려 감사 기도를 드렸다.

"이렇게 나은 것만 해도 감사합니다. 모든 것을 주님께 맡깁니다."

그때 내 안에는 두둑한 배짱 같은 마음의 여유가 있었다. 그것은 노력한다고 얻을 수 있는 여유가 아니다. 믿는 구석이 있을 때 우러나오는 여유다.

퇴원한 지 얼마 후에 삼성 이병철(李秉喆) 회장의 주치의였던 고려병원의 내과 과장 서추영(徐秋英) 박사가 암에 걸렸다는 소식을 듣고 병문안을 갔다. 위로의 말과 기도를 해 주면서 내 이야기를 들려주었다. 나도 그렇게 위험한 상황이었지만 하나님께 맡기고 나았으니 당신도 믿음을 가지라고 말해 주었다.

그랬더니 그가 누운 자리에서 벌떡 일어나 앉으며 "그러시면 안 됩니다. 의사의 말을 들으세요. 어서 뇌동맥 사진을 찍으세요. 명 박사 말대로 화약고를 머리에 이고 다니는 거나 마찬가지예요"라고 고개를 저었다.

그래도 끝내 뇌동맥 사진을 찍지 않았다. 수술하지 않고도 오늘까지 40여 년을 더 살고 있지 않은가. 그것도 매우 건강하게. 그동안 많은 친구들이 스러져 갔다. 나 같은 사람이 지금까지 건재한 것에 감사할 뿐이다. 잃어 본 경험이 있는 사람에게는 모든 것이 선물 같은 법이다. 나에게는 삶이 선물이다. 신앙이라는 비빌 언덕이 있어 배짱을 부릴 수 있는 여유까지 덤으로 받았다.

세상에서 가장 짧은 조사

서경대학교 최영철(崔永喆) 총장은 목포 출신으로 동아일보 기자로 일할 당시에 〈소신은 만능인가〉라는 제목의 박정희 대통령을 혹독히 비판하는 기사를 썼다가 테러를 당한 적이 있다. 자택으로 향하는 길에 괴한 두 명이 골목길에서 튀어나와 주먹질을 했다. 강도인 줄 알고 무조건 집으로 도망쳐 들어갔는데, 다음 날 새벽에 바윗덩이 같은 돌이 집으로 날

아와 현관 유리창을 부수었다. 현관 앞에 협박장이 놓여 있었다.

"최영철, 펜대 조심해라. 너의 생명을 노린다. – 구국특공 단장."

그 바람에 임신 4개월이던 부인이 유산하기까지 했다.

그랬던 그가 후에 박정희 대통령으로부터 부름을 받아 정치에 입문했다. 그가 비판했던 사람과 함께 일하게 되었으니 세상일은 알 수가 없다. 그는 박 대통령의 대단한 칭송자가 되었다. 정치적 실력이 뛰어나 4선 국회의원, 체신부 장관, 노동부 장관, 통일원 장관, 부총리까지 지냈다. 누릴 걸 다 누린 사람이라고 할 수 있다.

그런 그도 못 가진 것이 있었으니 바로 일본어 실력이다. 국회의원 시절에 박정희 대통령으로부터 한일의원연맹(韓日議員聯盟)의 간사가 되어 일본과의 교류에 힘쓰라는 지시를 받았다. 한일의원연맹은 1972년 3월 일본을 방문했던 한국의 국회의원 13명이 일본의 자유민주당 의원 48명과 회합하는 자리에서 '한일의원간친회(韓日議員懇親會)'를 구성하기로 합의함으로써 만들어져서 1975년에 한일의원연맹으로 개칭하여 지금까지 이어져 오고 있는 외교 단체이다. 친교가 바탕이 되어야 하는 단체이므로 간사로 활동하려면 일본어는 필수일 텐데, 그는 일본어를 한마디도 할 줄 몰랐다.

"저는 일본어를 못합니다."

"알아. 그래서 하라고 하는 걸세."

대통령의 알 수 없는 대답을 듣고 울며 겨자 먹기로 간사를 맡았다.

그런데 간사로 활동한 지 얼마 되지 않아서 일본에 출장을 갔는데, 마침 홋카이도(北海道) 출신의 나카가와 이치로(中川一郎)라는 거물급 농림성 장관이 모친상을 당해서 조문을 가야 했다. 그런데 비행기에 이상이 생겨 연착하는 바람에 장례식장에 3시간이나 늦게 도착하게 되었다. 그가 탄 연착된 비행기에는 일본의 거물급 조문객들이 다수 타고 있었기 때문에 장례식을 파하지 않고 조문객들이 모두 기다리고 있었다.

기다리는 시간에 돌아가면서 조사(弔辭)를 하고 있었다. 최영철 의원이 도착하자 사회자가 다가오더니 한국 대표로서 조사를 해 달라고 부탁했다. 당황하여 눈앞이 캄캄해진 그는 하기는 해야겠고, 일본어 실력은 안 되고 해서 정면 돌파하기로 마음먹었다. 단 위에 올라간 그는 짧게 두 마디를 던지고 내려왔다.

"오카상, 사요나라!(おかあさん, さようなら!)"

"어머니, 안녕히 가세요"라는 뜻이다. 아는 일본어 단어로 인사를 하기는 했는데 나라 망신을 시킨 것 같아서 부끄러워 쥐구멍이라도 찾고 싶은 심정이었다고 한다.

그런데 일본인 조문객들의 반응이 사뭇 달랐다. 3시간 동안 빤한 조사를 듣느라 지루했던 것이다. 장례식장인데 만면에 미소를 띠는 사람들도 있었다. 모두가 명조사(名弔辭)라며 칭찬을 아끼지 않았다.

후에 나카가와 이치로 국회의원이 한국에 왔다가 대통령에게 최영철 의원이 참 기가 막힌 조사를 해 주었다며 칭찬을 했다. 대통령이 "그 사람 일본말을 잘 못할 텐데…"라며 의아해하자 "오카상, 사요나라"라고 인사해서 그다음에 일본에서 유행어가 되었다고 전했다.

1978년 일본의 유명 엔카(演歌) 작곡가 고가 마사오(古賀政男)가 죽었을 때 신문 헤드라인에 "고가 마사오, 사요나라"라고 쓰였다고 한다. 1989년 한국계 일본인으로 사후에 일본 여성 최초로 국민영예상을 수상할 정도로 시대를 대표하는 가수이자 여배우였던 미소라 히바리(美空ひばり)가 죽었을 때도 "미소라 히바리, 사요나라"가 유행어가 되었다.

최영철 총장 스스로 이 조사를 "세상에서 가장 짧은 조사"라고 부른다. 미사여구(美辭麗句)가 많이 들어간 화려한 조사도 훌륭하지만, 짧지만 진정성이 담긴 조사가 사람의 마음을 움직인다.

몇 년 전에 비슷한 조사를 들은 적이 있다. 2011년 8월 온누리교회 하용조(河用祚) 목사가 소천(召天)했을 때, 교회 안을 가득 메운 교인들을 대표해서 조사를 맡은 한동대학교 김영길(金泳吉) 총장이 "하 목사님" 하고 목 놓아 부르더니 "아이 러브 유!"라고 절규하듯 외치고 내려왔다. 그 어떤 미려한 조사를 들었을 때보다도 더 큰 감동으로 다가왔다.

결국 마음을 움직이는 것은 화려한 장식이 아니라 투박하더라도 진짜 마음인 것이다. 마음은 마음과 통하는 법이다.

조문객을 맞이한 망자, 죽음 이후가 더 정갈한 목사

서울대 의대 학장을 지낸 명주완(明桂完) 교수는 생전에 서울대 3대 명강의로 꼽힐 정도로 이야기를 알아듣기 쉬우면서도 재미있게 하기로 유명했다. 1960년대에 육군 과학수사연구소 소장으로 있을 때 서울대학교에서 1년 정도 강의를 한 적이 있다. 그때 그와 인사를 나누고 강의도 들으며 친분을 쌓았다. 인연인지 수년 뒤에 내가 뇌출혈로 쓰러졌을 때 명 교수의 뒤를 이어 신경학 의사가 된 아들 명호진 박사가 나의 주치의가 되었다.

1977년 명주완 교수가 돌아가셨을 때 장례식장에 갔는데 진기한 풍경이 펼쳐지고 있었다. 돌아가신 분이 조문객들에게 직접 인사를 하고 있었던 것이다. 죽을 것을 알고 미리 인사말을 육성으로 녹음해 둔 것이다.

"명주완입니다. 장례식장에 오신 분들, 내가 살면서 신세를 많이 졌는데 먼저 가서 죄송합니다. 사랑의 빚을 많이 지고 갑니다. 보러 와 주셔서 감사합니다. 다만 부탁이 있습니다. 장례식장에 가면 장지까지 가서 하관식을 보느라 하루 종일 고생하곤 하는데, 저를 보러 오신 분들은 바쁜 시간을 내서 오신 것 잘 압니다. 장지까지 가실 필요 없습니다. 가족만 와 주었으면 좋겠습니다. 장례식장에 와 주신 것만 해도 감사하게 생각하고 떠납니다. 양해 부탁드립니다. 감사합니다."

대략 이런 내용이었다. 그런 장례식은 이전에도 이후에도 보질 못했다. 생의 마지막을 정리하는 시간에 자신의 죽음 뒤에 남아서 슬퍼할 사람들을 배려하는 여유. 이런 여유가 멋스럽다.

죽음 뒤가 아름다운 사람이 한 사람 더 있다. 2011년에 소천하신 온누리교회 하용조 목사다. 그는 생전에 간암 수술을 일곱 차례나 받았고, 신부전증으로 일주일에 세 번씩 혈액투석을 해야 했다. 그런 병약함 속에서도 자신은 설교하는 목사라는 생각을 놓지 않았다. 부축을 받아서라도 강대상에 올라가 말씀을 전했고, 설교할 때만큼은 언제 아팠는지 모르게 힘을 냈다. 그의 바람이었는지 여느 때처럼 주일 설교를 마친 다음 날 아침에 향년 66세로 하늘의 부르심을 받았다.

예기치 않은 그의 죽음에 많은 이들이 염려했다. 서울에서 손꼽힐 정도로 큰 교회로 성장한 온누리교회와 기독교 출판계의 메이저 출판사인 두란노서원과 해외선교사들을 위해 인공위성을 띄운 CGN TV와 일본 복음화를 위해 수년간 계속해 온 러브소나타 등 굵직한 기관과 프로젝트를 남기고 홀연히 떠났기 때문이다.

그러나 우려와 달리 교회 성도들은 그의 죽음을 차분하게 받아들였고, 잡음 없이 2대 담임목사인 이재훈(李在訓) 목사를 선출하여 지금까지 흔들림 없이 사역을 계속하고 있다.

하용조 목사의 유지(遺志)가 하나도 훼손되지 않고 순조롭게 이어지는 것을 보면 떠난 사람의 뒷모습이 이렇게 아름다울 수가 있는가 하는 생각이 든다.

"예수님을 정신없이 좋아했어요. 목이 쉬도록 찬송하고 울면서 기도했어요. 밤새워 성경을 읽었지요."

자신의 지난날을 어린아이 같은 미소로 회상하던 하용조 목사의 얼굴이 떠오른다. 죽음의 시간이 예고 없이 닥쳐도 그 이후의 모습이 이렇게 정갈할 수 있는 것은 알게 모르게 자신의 부재(不在)를 대비하여 준비해 온 덕분이 아닐까. 마음의 여유가 없고서야 그런 준비를 누가 할 수 있겠는가.

죽는 순간까지 의연함을 잃지 않은 대통령

1979년 10월 26일, 저녁 7시 50분경, 종로구 궁정동 중앙정보부 안전가옥에서 김재규 중앙정보부장이 차지철 경호실장을 먼저 권총으로 쏘고 나서 박정희 대통령을 향해 총을 겨누었다. 그때 박 대통령은 "뭣들 하는 거야!" 하고 한마디를 벽력같이 지른 뒤에 자신의 운명을 직감한 듯 그대로 눈을 감고 정좌 상태로 있었다고 한다. 당시 그 자리에 있었던 두 여인, 신재순과 심수봉의 증언이다.

컴컴한 방에 있던 사람이 해가 밝은 밖으로 나오면, 반사적으로 눈이 깜빡이게 된다. 눈을 보호하기 위한 반사적 행동이다. 심리학에 조건반사 이론이 있다. 사람이 갑자기 위험에 처하게 되면 반사적으로 자신을 보호하기 위한 자세를 취하기 마련이다. 그런데 박 대통령은 위기일발의 상황에서도 두 눈을 감은 채 미동조차 하지 않았다고 한다.

그러나 당시 상황을 묘사한 TV 드라마를 보면, 실제와 다르게 묘사되곤 한다. 김재규 정보부장이 총을 겨누자 박 대통령이 두 손을 들고 벌떡 일어나서 소리 지르는 식이다. 범인(凡人)이라면 반사적으로 그런 자세를 취할 법하지만, 박 대통령은 보통 사람은 흉내 낼 수 없는 초인적인 자세를 보였다. 나는 대통령이 취한 이러한 의연함에 놀라움을 금할 수 없다.

그뿐만 아니라 총탄에 맞은 후 피가 콸콸 쏟아지는 가운데서도 신재순이 "각하, 괜찮으십니까?" 하고 묻자 "응, 나는 괜찮아" 하고 나지막이 대답했다고 한다. 그가 마지막으로 남긴 이 한마디가 무엇을 뜻하는지는 훗날 합동수사본부에서 조사한 내용을 보면 알 수 있다. 당시 그 자리에 있었던 이들은 한결같이 박 대통령의 "응, 나는 괜찮아"라는 말을 "난 괜찮으니, 너희는 어서 피하라"라는 뜻으로 들었다고 진술했다. 그것으로 보아 박 대통령은 마지막 순간까지도 남을 배려했던 것을 알 수 있다. 숙연해지지 않을 수가 없다.

자그마한 체격의 박정희 대통령의 최후 모습은 그야말로 대장부(大丈夫), 아니 거인(巨人) 그 자체였다.

3장 ○ 　역설의 인생을
　　　　즐겨라

진짜 부자가 되는 비결

우리 부부의 결혼 주례는 한경직 목사님이 해 주셨다. 아내
의 친정은 한경직 목사님의 집안과 몇 대째 믿음을 나누며
교류해 온 집안이다. 신혼여행을 다녀온 뒤 주례를 해 주신
한 목사님을 찾아뵈었다.

당시 목사님은 적산 가옥(敵産 家屋)에 기거하고 계셨다.
패망한 일본인이 버리고 간 집이다. 석조 건물인 교회 옆에
자그마한 목조 건물이었다. 안내를 받아 목사님이 계시는 방
의 옆방으로 들어갔다.

그 순간 눈을 의심할 수밖에 없었다. 방에는 아무것도 없
었다. 노란 장판과 하얀 벽지뿐이었다. 있을 법한 십자가나

달력조차 없었다. 방석을 내주어 그 위에 앉기는 했는데 눈을 어디에 두어야 할지 몰라 곤혹스러웠다. 벽지에 꽃무늬라도 있으면 눈길을 줄 텐데 아무 무늬도 없었다. 아무것도 없는 텅 빈 공간에 두 눈이 초점을 잃고 흔들렸다. 목사님을 기다리는 동안 아무리 둘러봐도 볼 게 없으니 아내와 나는 서로 얼굴을 마주 보며 앞으로 어떻게 살아갈 것인지에 대해 이야기를 나눴다.

그날 받은 시각적 충격은 지금까지도 가시지 않는다. 노란 장판과 새하얀 벽지가 뇌리에 강렬한 이미지로 남았다. 비움으로써 더욱 충만해지는 게 어떤 것인지 알 것 같은 느낌이었다. 그 비움이 그렇게 좋을 수가 없었다. 잘 꾸며진 집을 보면 멋있다. 감탄이 절로 나온다. 그런데 아무것도 없는 백지상태도 기가 막히게 멋스럽다.

지금 살고 있는 집의 설계를 해 준 이가 건축가 문신규(文信珪) 씨다. 근 40년 전에 그에게 설계를 의뢰할 때 한 가지 부탁을 했다. 작은 온돌방을 하나 만들어 주되 그 안에는 노란 장판과 무늬 없는 하얀 벽지 외에는 아무것도 넣지 말아 달라고 했다. 눈을 둘 데가 없을 정도로 텅 빈 조용한 공간이 필요하다고 했더니 그가 알아들었다는 듯 웃으며 고개를 끄

덕였다. 역시 건축가는 공간에 대한 느낌이 남다른 모양이라고 생각했다.

나는 노란 방에서 혼자 책을 읽거나 기도를 했다. 이따금 절친한 친구와 그 좁은 방에서 차 한 잔을 나누기도 했다. 아이들이 시집, 장가가기 전까지 십수 년 동안 나는 노란 방에서 나만의 시간을 오롯이 즐길 수 있었다. 그러나 아이들이 결혼하고 나니 오히려 짐이 늘어서 노란 방에 이것저것 물건들이 들어가 지금은 더 이상 텅 빈 공간이 아니다. 그러나 내 마음속에는 그 작은 노란 방이 그대로 남아있다.

꽉 찬 것만큼이나 여백도 중요하다. 무조건 많은 것을 거머쥔다고 해서 부자가 되는 것은 아니다. 가진 것에 눌리지 않을 만큼 숨통이 트여 있어야 부자로 살 수 있다. 숨 쉴 틈도 없이 옴짝달싹 못 할 만큼 뭔가 가득 들어차 있다면 그 공간의 주인은 이미 당신이 아니다. 숨통이 막히는데 어떻게 살란 말인가. 채우는 것만큼이나 비울 줄 알아야 진정한 부자가 될 수 있다.

내 아이들에게 물려줄 것은

부모가 자녀에게 남길 유산으로 무엇을 꼽을 수 있을까. 나는 크게 세 가지를 꼽는다. 돈과 명예 그리고 추억이다.

첫째, 자녀가 쪼들리며 살기를 바라는 부모는 없을 것이다. 어느 정도 남겨 주어야 자기가 하고 싶은 것을 하며 살 수 있을 것이다. 그러나 돈 자체는 가치 중립적이지만 물려주고 난 다음에는 자녀 스스로 운명이라는 가치를 만든다. 운명이란 50 대 50이다. 돈이 길잡이가 되거나 패가망신의 덫이 되거나 둘 중 하나가 될 것이다. 돈을 쓰는 가치를 아느냐 모르느냐에 따라 성공과 실패가 갈린다. 선택은 자녀의 몫이다. 자녀는 자신의 선택에 따라 운명을 감수해야 한다. 매정해도 할 수 없다. 그것이 인생이니까.

둘째, 집안의 명예를 물려주어야 한다. 사회에서 존경받는 어른의 집안은 뭐가 달라도 다르다. 살다 보면 아무개 가문의 자녀라는 게 얼마나 득이 되는지 뼈저리게 느끼게 된다. 물론 명망 높은 가문일 경우에 말이다. 그러나 명예 또한 자녀에게는 50 대 50의 운명을 가져다준다. 집안 명예에 짓눌려 더 자라지 못하는 경우가 있는가 하면, 아무런 부담이 없기 때문에 오히려 자유롭게 제 뜻을 펼치며 사는 경우도 있기 때문이다. 대개 재벌가 자녀가 여염집 자녀보다 스트레스가 훨씬 더 많은 이유가 여기에 있다.

그렇다면 부모의 유산 중에 가장 좋은 것이 무엇인가?

셋째, 추억이다. 좋은 추억을 많이 만들어 주는 것이 가장 훌륭한 유산이라고 생각한다. 인성(人性)이란 얻기 힘들지만 한번 얻은 인성은 여간해서는 바뀌지 않는다. 예의범절과 좋은 습관을 몸에 익히고, 긍정적이고 환경에 굴하지 않는 성격을 가질 수 있도록 돕는 것이야말로 부모가 자녀에게 해 줄 수 있는 가장 좋은 선물이 아니겠는가.

우리 집 정원에는 아이들의 이름을 붙인 나무가 세 그루 있다. 아이들에게 각자 자기가 키우고 싶은 나무를 고르게 했다. 아들은 감나무를, 큰딸은 보리수를, 막내딸은 백일홍을 골랐다.

"너희들이 물을 주고 관리해야 해. 아빠는 소나무를 키울 거란다."

"아빠 나무는 소나무, 내 나무는 감나무!"

어린 감나무가 자라 열매를 낸 이후로 해마다 첫 열매는 아들이 직접 따도록 했다. 지금도 마찬가지다. 결혼하여 분가해서 살고 있지만 감이 열릴 때쯤이면 와서 제 나무의 열매를 딴다. 요즘은 자기 딸들과 함께 온다. 도란도란 이야기를 나누며 감을 따는 모습을 보고 있노라면 아이들에게 좋은 추억을 남겨 준 것 같아서 뿌듯하다.

대개 나무는 사람보다 더 오래 산다. 아무리 오랜 세월이 흘러도 누군가가 우리 집을 허물고 나무를 베지 않는 이상 우리 아이들의 나무는 계속 자랄 것이다. 나무와 함께 우리의 추억도 자란다.

지금 사는 동네로 이사 오기 전에는 명륜동에서 꽤 오래 살았다. 우리 집 뒷산에 천막동네가 있었다. 크리스마스 때가 되면 어린아이들을 데리고 그곳을 찾아가곤 했다. 가기 전에 꼭 하는 일이 있었다. 아이들이 명절에 세뱃돈이나 용돈을 받으면 꼭 은행에 저금하도록 가르쳤는데, 아이들에게 불우이웃을 도울 돈을 각자 내도록 했다. 얼마를 내든 상관없다. 내놓는 돈만큼 아빠가 보태서 두 배로 불어난 돈으로 학용품이나 생필품을 사도록 했다. 그 물건을 들고 천막동네를 찾아가는 것이다. 아이들 스스로 몸을 낮추고 가난한 이웃을 돌볼 기회를 주었다. 부족한 것 없이 자라는 아이들에게 그것만큼 좋은 교육은 없다.

자녀를 너무 궁색하게 키우면 사람이 쫀쫀해진다. 오히려 물욕(物慾)이 더 생길 수 있다. 반대로 너무 풍족하게 키우면 아까운 줄 모르고 흥청망청 쓰는 인간이 된다. 부와 가난, 양쪽을 다 볼 줄 알아야 균형 잡힌 인간으로 자랄 수 있다는 것이 나의 생각이다. 그래서 기차나 비행기로 여행을 갈 때면 대개 이코노미석을 이용하지만, 일부러 한 번은 일등석을 타보게 했다. 그러면 오히려 쓸데없는 환상을 갖지 않는다. 경험해 봤기 때문이다.

사람은 위급한 상황에 부닥치면 본성이 드러나게 마련이다. 돈이나 사람에게 인색하지 않도록 당당하게 키워야 한다. 또 부족함을 몰라서 방탕해지지 않도록 겸손함을 가르쳐야 한다.

내 아이들이 균형 잡힌 시각으로 세상을 바라보고 인생을 살기를 바라는 마음에 나름대로 노력했다. 그것이 우리 아이들에게 얼마나 영향을 미쳤는지는 알 수 없다. 돈이나 명예는 이해득실(利害得失)이 반반이다. 하지만 좋은 습관과 좋은 추억은 많을수록 좋다. 많이 가질수록 행복한 사람이 된다. 이것이 부모로서 나의 진심이다.

대통령과의 내기 골프, 이겨야 할까 져야 할까

감사원 원장을 지낸 정희택(鄭喜澤) 씨가 내게 재미있는 이야기를 들려주었다.

황 판사 사건에서 변호를 맡았던 김치열 씨가 내무부 장관으로 있을 때의 일이다. 그가 박정희 대통령과 천 원 내기 골프를 쳤다. 그런데 신직수 정보부장이 옆에서 보니까 김 장관이 이를 악물고 죽기 살기로 열심히 치는 것이다. 양보하기는커녕 악을 쓰고 이기려고 했다. 보다 못한 정보부장이 장관에게 넌지시 말했다.

"장관님, 대통령을 모시고 하는 게임인데 이기려고 하면 되겠습니까? 그냥 져 드리세요. 편안하게 져 드리시지요."

그랬더니 김치열 장관이 그게 무슨 소리냐며 정색을 했다.

"정보부장님, 골프도 엄연히 게임인데 이기기도 하고 지기도 해야 재미가 있지 않습니까? 자꾸 져 드리기만 하면 되겠습니까? 정보부장님은 나랏일도 대통령의 기분에 맞춰서 보고하십니까?"

김 장관의 말에 신 정보부장이 크게 무안을 당했다고 한다. 화가 난 신직수 정보부장이 부하들을 시켜서 내무부 장관의 약점을 잡기 위해 뒤를 캐기 시작했다. 그런데 정보가 새는 바람에 내무부 장관 귀에 소식이 들어갔다. 김 장관도 경찰에 정보부장의 뒷조사를 담당하는 팀을 만들어 버렸다. 한동안 서로 약점을 잡기 위해 소모전을 펼쳤다고 한다.

"대통령과 내기 골프를 친다면 이기는 게 옳을까? 지는 게 옳을까?"

골똘히 생각해도 어느 쪽이 맞는지 잘 모르겠다. 지금도 숙제다. 늘 이 문제가 머리에 남아 대통령 비서실장을 지낸 두 분과 청와대 경호실장을 지낸 두 분을 만나 똑같은 질문을 던져 봤다. 그랬더니 묘하게 2 대 2가 나와서 결론이 안 났다.

노태우 전 대통령에게서 연락이 왔다. 제주도에서 가족과 함께 골프를 치자고 했다. 군에 있을 때 가까이 지냈던 사이다. 노태우 씨가 대통령으로 청와대에 있을 때는 서로 만난 적이 한 번도 없다. 대통령직에서 물러나 감옥에 다녀오고 나니 옛날 생각이 부쩍 많이 났던 모양이다. 옛 친구로서 허심탄회하게 만날 수 있을 것 같았다.

노태우 씨와 한 조가 되어 18홀 내내 같이 다녔다. 그동안 나누지 못했던 이야기를 충분히 나눴다. 대통령과의 내기 골프 문제는 대통령이었던 사람에게 물어보는 것이 가장 정확하지 않겠는가. 그에게 같은 질문을 던졌다. 내가 알아본 결과로는 2 대 2 동점이라는 얘기도 했다.

"대통령을 해보셨으니 잘 알지 않겠습니까? 어떻게 생각하십니까?"

한참 생각하더니 "양쪽 이야기가 다 맞는 것 같네요" 하고 대답했다. 그가 청와대 경호실에서 근무할 때 대통령이 골프를 치러 갈 때면 누구누구를 부르면 좋을지 대통령께 직접 물었다고 한다. '서 아무개'를 부르라고 해서 불렀더니 악착같이 이기려고 들었다. 아니나 다를까 그다음 골프 모임에 "서 아무개도 부를까요?" 하고 물었더니 부르지 말라는 대답이 돌아왔다. 그의 생각에 '서 아무개는 이제 대통령의 눈 밖에 났구나' 싶었다. 그런데 이번에는 모두가 저자세로 대통령에게 져 주기만 하니까 대통령이 재미가 없었는지 다음 모임 때는 서 아무개를 부르라고 했다.

전직 대통령까지도 양쪽이 다 맞는 것 같다고 했으니 결국 무승부로 비긴 것이 아니겠는가.

그런데 근래 나의 머릿속 저울은 한쪽으로 기운다. 처음에는 '게임은 게임일 뿐'이라는 김치열 씨의 말이 당차게 들렸다. 그런데 대통령 비서실장을 지낸 박영수(朴英秀) 씨의 말이 시간이 갈수록 더욱 크게 들리는 것 같다. 그는 이렇게 말했다.

"대통령께 져 드려야지요. 대통령이란 자리가 참 외로운 자리거든요. 그렇게 해서라도 기운을 북돋워 드려야지 기를 자꾸 꺾어서야 되겠습니까? 외로운 사람, 잠시라도 즐겁게 해드리는 게 낫지 않겠습니까?"

세월이 갈수록 그의 말이 내 마음을 움직인다. 이기느냐 지느냐, 옳다 그르다를 떠나서 외로운 사람의 기를 꺾지 말자는 말이 크게 울린다. 살면서 외로움을 느낄 때가 얼마나 많은가. 대통령이라도 측은지심(惻隱之心)이 필요하다. 사람이기 때문에….

한국인임을 자랑스러워한
동양의 스트라디바리 진창현

국제한국연구원 최서면 원장을 통해 재일(在日) 바이올린 제작자 진창현(陣昌鉉) 씨를 알게 되었다. 가난한 집안에서 태어난 그는 중학교를 중퇴하고 강제 징용을 피해 일본으로 건너갔다. 겨우 14살 때의 일이다. 처음엔 똥 수레를 끌었다. 이후 인력거꾼으로, 부두 노동자로, 토목 인부로 일하면서 메이지대학교(明治大學) 영문학부를 졸업했다. 하지만 취직 시험을 보면 마지막 면접시험에서 '조센징'이라는 이유로 낙방하곤 했다. 어디에도 취업할 수 없는 낙동강 오리알 신세였다.

대학 3학년 때 일본 우주 개발의 아버지라고 불리는 세계적인 물리학자 이토가와 히데오(糸川英夫) 교수의 '스트라디바리우스(Stradivarius) 바이올린의 신비'라는 강연을 들었다. "20세기 최첨단 기술로도 300년 전에 만든 명기(名器) 스트라디바리우스를 재현해 내는 것은 불가능하다. 인류가 풀지 못하는 수수께끼가 되었다"는 말을 듣는 순간 전율했다고 한다. 그리고 그 불가능을 깨부수는 것을 평생의 목표로 삼기로 결심했다.

"어차피 일본 땅은 내가 꿈을 이루도록 허락하지 않는다. 불가능한 일에 도전한다면 누구도 날 막지 못할 것이다. 불가능에 내 청춘을 걸어 보자."

어쩌면 바이올린은 그에게 운명이었는지도 모른다. 어렸을 때 떠돌이 약장수가 바이올린을 켜는 모습을 본 게 처음이었다고 한다. 그 후 초등학교 때 바이올린을 가진 일본인 교사가 그의 집에서 하숙을 한 인연으로 악기를 직접 만져볼 기회가 있었다. 그는 바이올린이란 악기가 무척 마음에 들었다.

그는 바이올린 제작 기술을 가진 장인을 찾아 동경, 교토, 나고야 등지를 돌아다녔다. 노쇠한 장인들은 제작 기술을 기꺼이 배우겠다고 나서는 젊은이를 반겼다. 그러나 결국에는 하나같이 조센징이라는 이유로 제자로 삼을 수 없다고 했다. 어떤 노인은 눈물을 흘리며 안타까워하기도 했다. 오히려 그가 노인을 위로해 주었다고 한다.

그에게 바이올린 제작 기술을 가르쳐 줄 장인은 없었다. 결국 나고야의 바이올린 공장 옆에 판잣집을 짓고 제작 과정을 곁눈질로 훔쳐보며 독학했다. 낮에는 공사장 인부로 일하고, 밤에는 골방에 처박혀서 나무를 만졌다. 일본어로 된 교본 한 권이 유일한 스승이었다. 가르쳐 줄 이가 없으니 무조건 많이 만들어 보는 수밖에 없었다. 장인들이 보통 일주일에 한 대씩 만들 때, 그는 대여섯 대씩 만들었다. 잠이 모자라 몽롱한 상태에서도 손가락 감촉만으로 만들 정도로 열심히 작업했다. 유명 연주자들의 명기를 핥아 보고 냄새 맡고 손끝으로 만지면서 그만의 명기를 꿈꿨다.

마침내 그는 1976년 '국제 바이올린, 비올라, 첼로 제작자

콩쿠르'에서 6개 부문 중 5개 부문을 석권하여 명인의 반열에 올랐다. 1984년에는 '오르콩쿠르(Hors Concours)' 마스터 메이커(Master Maker)*의 칭호도 받았다. 이 칭호를 받은 사람은 전 세계 5명밖에 없다. 아이작 스턴(Isaac Stern), 므스티슬라프 로스트로포비치(Mstislav Rostropovich), 안익태(安益泰), 윤이상(尹伊桑), 정경화(鄭京和)와 같은 유명 연주자들이 그가 만든 바이올린으로 연주했다.

그를 아끼는 많은 일본인들이 일본 이름으로 창씨개명(創氏改名)하기를 권유했다. 그렇게 하면 사업이 크게 발전할 뿐만 아니라 장차 큰 성공을 거둘 수 있을 것이라고 했다. 그러나 그는 "일본인은 일본인으로 태어난 것을 스스로 자랑스러워한다. 나도 한국인으로 태어난 것을 자랑스러워할 수 있는 것 아니겠는가"라고 말하며 사양했다. 그는 끝까지 진창현이라는 이름과 한국 국적을 버리지 않았다.

그의 이름은 일본 고등학교 교과서에 실렸고, 2004년에는 후지TV가 창사 특집극으로 그의 인생 역정을 담은 드라마 〈해협을 건너는 바이올린(海峡を渡るバイオリン)〉을 제작하기

● 미국 바이올린제작자협회가 '이젠 실력 검증을 받을 필요가 없으니 후학들을 위해 콩쿠르에는 더 이상 출전하지 말라'는 뜻으로 수여한다.

도 했다.

그의 인생 이야기를 접한 나는 크게 감동했다. 우리 사회에 그의 이야기를 널리 알리고 싶었다. 그를 한국으로 초청하여 사람들에게 소개했는데, 고맙게도 SBS에서 그의 삶을 8·15 특집 다큐멘터리로 제작, 2005년 〈천상의 바이올린〉이란 제목으로 방영되었다.

진창현 씨는 한국에서 촬영을 마치고 일본으로 돌아가기 전에 고향 김천(金泉)에 내려가 강변의 흙을 담아 돌아갔다. 그 모습을 보는 내 가슴이 뭉클했다. 조국이 얼마나 그리웠으면 흙냄새를 그렇게 정성스레 담아갔겠는가.

그는 '불가능'으로 일컬어지는 '스트라디바리우스의 비밀'에 90% 정도 다가섰다고 자부했다. 그러나 나머지 10%를 따라잡기 위해 세계 곳곳을 다니며 자연의 소리를 연구했다. 심지어는 여든 살이 가까운 나이에 쇄빙선(碎氷船)을 타고 남극에 다녀오기까지 했다.

동양의 스트라디바리(Stradivari)°라는 칭호를 얻은 진창현

● 이탈리아의 바이올린 제작자. 표준형 바이올린의 창시자이며 평생 약 1,100여 개의 악기를 제작했는데, 그가 만든 악기를 스트라디바리우스라고 부른다. 큰 음량과 빛나고 예리한 음색이 특징이다.

씨는 2012년 대장암으로 세상을 떠났다. 그의 나이 83세였다.

그가 살다간 인생을 돌아보며 생각한다. 여든을 넘긴 내 앞에 놓인 불가능은 무엇인가. 빙산을 가르는 쇄빙선처럼 불가능을 깨부수며 나아갈 수 있는가. 자문한다. 결론은 믿음이다. 나는 믿는다. 앞으로 나아가는 자를 비추는 인생의 빛은 결코 꺼지지 않는다는 것을….

나는 생존 신화를 쓰고 싶다

: 아들의 편지 :

장성하여 일가를 이루어 바쁘게 생활하고 있는 아들 상욱이
어버이날에 편지를 보내왔다.

우리는 군인 가족이었다. 아버지·큰아버지·고종사촌 형까
지 합치면 적어도 50년은 군에 복무하신 것 같다. 가끔 허
리춤에 권총을 차고 다니던 아버지의 모습이 지금도 생생
하게 기억난다. 그러던 아버지가 1973년 소위 '윤필용 장군
사건'에 무고하게 연루되면서 갑자기 사라지셨다.

그로부터 1년 반 후 아버지가 집에 돌아오셨지만, 어린 내
게는 오랜만에 아버지를 만나는 설렘보다 어색함과 두려움
이 앞섰다. 그 후 아버지는 '군복을 벗고' 사업을 시작하셨다.

군인으로서 아버지의 일생을 망친 '그 사건'. 당시 아버지
의 심경이 오죽하셨을까만, 시간이 흐른 후 아버지는 "사감

이 아닌 나라를 다스리다가 생긴 일"이라며 박정희 전 대통령을 이해할 수 있을 것 같다고, 또 지금도 존경하고 있다고 하셨다.

내가 중학생이 되어서야 아버지는 '그때' 무슨 일이 있었는지 이야기해 주셨고, 그제야 비로소 군인으로서 '남다른' 국가관을 가진 아버지를 느낄 수 있었다.

아버지는 내가 초·중고 시절 그야말로 강한 사람의 표상이었다. 절대로 몸이 흐트러지는 법이 없었다. 크게는 국가에 충성하고 윗사람에게 예를 갖추는 법부터 작게는 전화받는 법, 가볍게 생각하면 안 되는 생활 규칙 등에 대해서도 가르쳐주셨다.

그런 아버지는 언제나 내 인생의 '본보기'였다. 내가 '가족'을 최고의 가치로 생각하는 것도, '좋은 아버지'가 되기 위해 끊임없이 노력하는 것도 모두 아버지에게서 보고 배운 것들이다.

돌아보면 아버지는 아주 사소한 일상에서부터 자식들이 스스로 깨달을 수 있도록 하셨던 것 같다. 누나가 결혼할 때, 내가 첫 유학을 떠날 때 아버지는 "이젠 너희들의 발로 스스로 인생을 개척해 가야 한다"며 우리들의 발을 씻겨주셨고 지금의 본가를 건축할 때는 우리 3남매를 모아 놓고 "너희들 방이 있는 2층은 서로 의논해 디자인해 보는 게 어떠냐"고 하셨다. 그때는 그 의미를 몰랐지만 아마도 형제간의 소통과 나눔, 배려의 장을 만들어 주고 싶었던 게 아닐까.

본가 마당에는 그 옛날 아버지가 심어 주신 우리 3남매 나무가 여전히 자라고 있다. 아버지는 자식들 이름으로 된 각각의 나무를 심고 우리들에게 각자 자기 나무를 스스로 가꾸게 하셨다. 정성 들여 물을 주고 관심과 사랑으로 돌보아야만 잘 자라는 나무의 의미를 깨닫게 하고 싶으셨던 거다.

지금도 아버지는 내 감나무에서 감이 열리면 따지 않고 기다리셨다가 손자들이 오면 직접 따 주시면서 "이게 네 아버지 나무란다. 열매가 많이 열렸구나. 내년에는 좋은 일만 있겠다"며 덕담을 하시곤 한다.

여느 부자(父子) 관계가 그렇듯 아버지와 나도 때론 충돌을 빚기도 했다. 그때마다 아버지는 권위를 내세우기보다 지혜를 발휘하셨다. 한번은 아들과의 관계를 회복하기 위해 '아버지학교'에 등록한 적도 있었다.

그러던 어느 날 집으로 날아온 편지 한 통. "아들아, 난 너를 사랑한다. 그리고 널 자랑스러워한다. 아버지가 부족해서 미안하구나"라는 편지 내용에 족히 3시간은 엉엉 울었던 기억이 난다.

'내리사랑'이라고들 한다. 두 아이의 부모가 된 지금 나 또한 '치사랑'보다 '내리사랑'이 익숙한 게 사실이다. 평생을 퍼주기만 한 아버지의 '내리사랑'은 그 깊이가 얼마나 될까. 과연 내가 '아버지 같은 아버지'가 될 수 있을까.

아버지, 이제는 받기만 하십시오. 오래오래 건강한 모습으로 당신의 후손들이 당신의 가르침대로 바르고 아름답게 살아가는지 지켜보셔야지요. 표현에 인색했던 못난 아들, 이제야 고백합니다. 아버지, 사랑합니다.

우리 부자는 서로 바쁘게 살다 보니 얼굴을 자주 보지는 못하지만, 마음은 늘 가깝다. 소신 있게 살아가는 아들의 모습을 보니 흐뭇하고 자랑스럽다.

: 잃지 말아야 할 것들 :

이 시대에 필요한 지도자는 어떤 모습이어야 하는가. 내가 지금까지 살아오면서 가장 강렬한 인상을 받았던 지도자, 박정희 대통령을 예로 들어 내 나름의 생각을 펼치고자 한다.

박정희 대통령은 지성과 야성을 겸비한 사람이었다. 작은 일에도 철저했고, 큰일에는 대범했다. 눈물이 많다고 할 정도로 정이 있는가 하면, 용서 못 할 일에는 참으로 냉혹했다.

경부고속도로 공사가 시작될 때, 박 대통령은 지도와 쌍안경을 들고 헬리콥터에서 내려다보며 고속도로의 방향과 인터체인지의 위치, 터널 공사가 필요한 위치 등을 직접 지시하며 진두지휘했다. 혹자는 건설부에 일임하여도 될 일을 국사를 살펴야 할 대통령이 직접 나서서 챙기는 것이 좀스럽다고 비난하기도 했지만, 박 대통령의 생각은 달랐다. 외국 차관까지 끌어와 시작하는 고속도로 공사를 어떻게 하면 허튼 낭비 없이 잘 건설할 수 있을지, 또 어떻게 하면 지역 유지들이나 권력층에서 땅값에 영향을 끼치지 못하게 할 것인가를 고민했던 것이다. 그만큼 그는 일의 선후를 멀고도 넓게 바라볼 줄 알았다.

현장에서 공사를 지휘하던 박 대통령이 뜬금없이 강제 퇴역한 이상국(李相國) 장군을 찾았다. 그는 5·16 군사혁명 당시 예비 사단장이었는데, 혁명 하루 전에 이를 방첩대에 밀고했다가 혁명이 성공한 뒤에 반혁명죄로 즉각 구속, 수감되었던 사람이다. 만일 그때 이 소장의 밀고로 혁명이 실패했더라면, 혁명에 가담했던 사람들은 모두 죽임을 면치 못했을 것이다. 그런데 박 대통령은 그에게 뜻밖의 말을 건넸다.

"경부고속도로를 계획하면서 보니까 오가는 길에 화장실이나 국수 같은 것이라도 먹을 수 있는 음식점이 있어야겠더군. 그동안 고생이 많았을 텐데, 자네가 추풍령에 그런 휴게소를 하나 만들어 보게."

그렇게 해서 이상국 장군은 경부고속도로의 1호 휴게소인 추풍령 휴게소의 주인이 되었다. 역시 박 대통령은 자칫하면 치명상을 입힐 뻔한 밀고자까지도 품을 줄 아는 큰 지도자였다.

: 행복 공식은 잊어라 :

누구나 행복하게 살기를 바란다. 행복해지기 위해서 죽을힘을 다해 열심히 노력한다. 그러면 내일 아니면 먼 미래에라도 행복이 보장되리라 믿는다. 그러나 내일이 되면 행복은 딱 그만큼 더 멀어져 있음을 알게 된다.

왜 그럴까? "성공하면 행복해진다"는 행복 공식에 속아 살기 때문이다. 긍정심리학자인 숀 에이커(Shawn Achor)는 "우리가 행복해지기 위해서 능력을 발휘하며 열심히 일하지만 사실 그 순서가 바뀌면 생산성이 더욱 높아질 수 있다"고 역설

한다. 즉 행복한 사람이 일을 더 잘한다는 것이다.

이것을 바꿔 말하면, 오늘 행복한 사람이 내일도 행복할 것이라는 뜻이다. 행복한 사람이 일을 더 잘하고, 일을 잘할수록 성공 확률이 높아진다. '성공하는 습관'이란 말이 있듯이 '행복을 누리는 습관'이 있다.

상황이 어떻든 얽매이지 않고, 순간을 즐길 줄 아는 여유를 갖는 것. 이것도 능력이다. 행복을 내일로 미루지 말고 지금 누리며 살자. 순간이 모여 인생이 되는 것처럼 지금의 행복이 모여 행복한 인생이 된다.

나는 미국의 경제학자 제레미 리프킨(Jeremy Rifkin)이 "이제는 부와 명예를 좇던 아메리칸드림(American dream)보다 한 번뿐인 인생을 후회 없이 풍요롭게 보내는 데 가치를 두는 유러피안드림(European dream)의 시대가 됐다"고 말한 것에 공감한다.

사람들은 성공 신화에 쉽게 매료된다. 그러나 성공은 3차원에 불과하다. 얼마나 많이 가졌으며 얼마나 높이 쌓았는가가 성공을 말해 준다. 많이 가진 사람은 근심이 많고, 높이 쌓은 사람은 두려움이 많다. 성공 신화의 주인공이 영원한 제국을 세운 예는 아직까지 본 적이 없다. 모든 성공은 실패의 운명을 타고났다.

: 생존은 언제나 현재진행형이다 :

나는 지금이라는 시간을 오롯이 살고 싶다. 과거로 미래로 건너뛰지 않고 담담하게 현재를 살아가고 싶다. 과거는 이미 흘러갔다. 상처가 발목을 잡지 않도록 해야 오늘을 제대로 살 수 있다. 미래는 아직 오지 않았다. 시간을 헤치고 나아가는 키는 오늘에 있다. 나는 그렇게 생생하게 오늘을 살고 싶다. 심지어는 죽음 이후에도 생생하게 살아 있고 싶다. 죽음 이후를 감히 꿈꿀 수 있는 것은 내 삶을 우연이나 팔자로 설명하지 않고, 나를 지으신 창조주의 섭리 안에서 설명할 수 있음을 믿기 때문이다. 내가 큰 존재의 한 부분이라는 깨달음은 세상이 주지 못한 자유를 안겨 주었다.

나는 성공 신화가 아닌 생존 신화를 쓰고 싶다. 성공의 순간과 실패의 순간을 모두 겪고 끝까지 살아남는 생존이야말로 인생에서 가장 값진 열매다. 성공이 정점(頂點)을 의미한다면 생존은 끊어질 듯 끊어지지 않는 하나의 선(線)이다. 성공은 쉽게 과거형이 되지만 생존은 언제나 현재진행형이다.

'신화(神話)'란 문자 그대로 '신의 이야기'다. 삶을 통해 내가 "하나님 안에서 언제나 살아 있음"을 이야기하고 싶다. 이것이 내가 하루하루 쓰고 싶은 '생존 신화'다.